# 多言語習得とマルチリンガル教育の実践:

## 日本語と英語を同時に学ぼう（初級編）

仁荷大学 AIマルチリンガル研究所 叢書 1

# 多言語習得とマルチリンガル教育の実践:

## 日本語と英語を同時に学ぼう（初級編）

朴 江 訓 著

# 序文

　本書の主な目的は韓国の健全な多言語・多文化社会づくりに貢献することである。さらに、日本語と英語の実力を同時に上げたい韓国人学習者、そして今後の日本語・英語マルチリンガル教員として進路を定めた予備教員に本書が一種のガイドとしての役割を果たすこともまた一つの目的といえる。

　これまでいわゆる単一言語圏と呼ばれてきた韓国と日本は、グローバル化、多文化共生社会への転換など、世界中の人々の継続的な移動により多言語圏に少しずつ変わりつつある。このような社会的傾向に合わせ韓国の政府及び学界も多言語研究に関する重要性を認知し始め、2010年代からはさまざまなプログラム開発や研究が行われ始めている。しかし、これらの業績は「多文化」関連項目がほとんどであり、「多言語」関連項目はほとんど存在しない。韓国の政府及び学界は、上述したように多言語研究の重要性を認識しているが、実践策、すなわち「多言語習得をどのように実践すべきか?」に関する試みはほとんどなされていない。よって、著者は日本での留学時代、日本人を対象に英語及び韓国語を教えた経験、そして韓国へ帰国してからは、韓国人を対象に日本語及び英語を教えた経験を活かし、韓国語・日本語・英語のマルチリンガル教育モデルの開発研究に力を注いでいる。この研究成果は韓国ももちろん、世界中の人々に発信するために研究論文や

K-MOOCという韓国のオンライン教育プラットフォームに著者の研究成果の一部を公開するに至った。K-MOOC講座のタイトルは本書と同じく「멀티링구얼 습득과 실천: 일본어와 영어를 동시에 배우기(초급), 多言語習得とマルチリンガル教育の実践:日本語と英語を同時に学ぼう(初級編)」であり、2022年1月から2024年5月現在まで講座が計6回運営されている。K-MOOCの受講生は韓国をはじめ、日本、中国、香港、マカオ、タイ、インドネシアなど外国国籍の学習者も少なくない。このことは韓国語・日本語・英語のマルチリンガル習得が彼らにどれほど必要で切実なものかを示唆している。本講義への満足度や反応は予想よりもかなり良く、受講生から本講義にとどまらず、引き続き後続の講義や教材編纂なども行ってほしいという要請を受けている。また、予備マルチリンガル教員から「マルチリンガル教育に携わりたいが、適切な教材が全く見つからず困難な状況に置かれている。是非、マルチリンガル教育のための教材を出してほしい」との要請も受けた。このような学習者や予備教員からの要請に応え本書を編纂することになった。本書は上述したK-MOOC講座の講義ノートの内容を修正及び加筆したものである。また、本文に挿入されている図はK-MOOC講座のものを一部修正、またはそのまま引用したものである。

　以下では本書の構成について紹介する。本書は大きく2つの部で構成されており、第1部は多言語習得編、第2部はマルチリンガル教育の実践編である。また、第1部は合計3つの節から構成さ

れており、マルチリンガルの定義、概要、そして脳科学の観点からみたマルチリンガル教授法と学習法について見る。第2部は合計11の節で構成されており、韓国のJ大学の女子大生がオーストラリアのS大学で交換留学を始めたばかりのストーリーを中心に、各節別に「自己紹介編」、「カフェテリア編」、「病院編」、「美容室編」などのようになっている。実践編はCEFR(Common European Framework of Reference for Languages)の「Can-Do Statements」の方式に従っている。各節の会話や読解資料などはそれぞれ日本語と英語のネイティブスピーカーによる音声を聞くことができ、(ⅰ) K-MOOCにおける「멀티링구얼 습득과 실천: 일본어와 영어를 동시에 배우기(초급)」講座(www.kmooc.kr)、または(ⅱ) 仁荷大学AIマルチリンガル研究所のホームページ(https://www.inha.ac.kr/kr/4083/subview.do)において利用できる。また、これらのサイトでは本書の内容に動画講義の形式でより詳細に接することができる。

　著者は韓国において急激な多言語・多文化社会への転換が行われているのにもかかわらず、準備が不十分でさまざまな社会的な問題点が発生しているという点に着目し、2023年10月仁荷大学AIマルチリンガル研究所を設立した。本研究所での多様な活動を通じ韓国における健全な多言語・多文化社会への定着はもちろん、上述した社会的問題点の解決に少しでも役に立てればと思う。このような意味で本書が仁荷大学AIマルチリンガル研究所の第一号の叢書であるという点は大きいと考えられる。本書が完成

7

するまでの仁川大学の中村有里先生、OBENEF・J&C・全州大学の関係者の方々、Anastasia　Kimさん、崔珉曉君、金歓熙君、赤羽目楓華君の熱意ある取り組みに感謝の意を表す。最後に、自分の家族にも感謝の気持ちを伝えておきたい。

2024年5月

仁荷大学 AIマルチリンガル研究所 所長 朴江訓

# 目次

# I

## 多言語習得編

# Chapter 1
# イントロ: マルチリンガルとは

## 学習目標

1. マルチリンガルとマルチリンガル教育の定義について理解できる。
2. 本書が目指すマルチリンガル教育モデルの目標と概要について理解できる。
3. 本書が目指す日本語・英語のマルチリンガル教育モデルが理解できる。

13

## 1.1. マルチリンガルの定義

　朴(2015a:89-90)によると、マルチリンガルとは、一つの社会の中に複数の言語が併存し、別々に使用されていることを示し、多言語とも呼ばれる。また、マルチリンガルには多言語話者という意味も含まれ、二種類以上の言語能力を持っている人のことも指し示す。ちなみに、二種類の言語を扱う者をバイリンガル(bilingual)、三種類話者をトライリンガル(trilingual)と呼ぶ。これに対し、一種類話者はモノリンガル(monolingual)と呼ばれる。本書は大学生の韓国人日本語学習者を対象にした韓国語・日本語・英語のマルチリンガル教育に注目するため、以下では、マルチリンガルと呼ぶことにする。

## 1.2. マルチリンガル教育とは

　マルチリンガル教育とは、まず広い意味で2つの言語を使いこなす人材を育成するための教育を指し示す。これは到達目標に焦点を当てた場合である。狭い意味のマルチリンガル教育とは、2つの言語を使って教える教育を指す。これは授業方法に焦点を当てた場合である。

## 1.3. 日本語・英語のマルチリンガル教育とは

本書が目指している日本語と英語のマルチリンガル教育とは何であるのか。到達目標に焦点を当てた場合は、広い意味として日本語と英語を上手に使いこなす人材を育成する教育のことである。狭い意味では日本語及び英語を使って教える教育のことであるだろう。

本書が目指す教授法は主に日本語で英語を教える方法に焦点を当てている。

## 1.4. 著者のマルチリンガルにおける研究・教育歴

著者は言語学を専攻し、具体的には韓国語・日本語・英語、3つの言語の対照研究を行う「対照言語学」を専門とする。日本留学時、日本の高校生や大人向けに、約6年間英語や韓国語を教えた教育歴がある。当時、講義言語は日本語や英語で行った。2009年度韓国に帰国してからは韓国の大学生向けに日本語と英語関連の講義を担当している。韓国の大学生は外国語の必要性が非常に高いことや彼らから「日本語と英語を同時に学べる特別な教育プログラムを受けたい」という要請があり、日本語・英語のマルチリンガル教育の研究に着手したのである。また、上述したように著者が今まで蓄積してきた言語学の知識と韓国人や日本人に韓国語、日本語、英語を教えてきたきた経歴を生かせば、マルチリ

ンガル教育は十分可能であると確信した次第である。

　よって、2015年度から本格的にマルチリンガル教育に関連した研究や日本語と英語を同時に学べる授業を始めるようになった。これをきっかけに、現在は大人向けのマルチリンガル教育の基礎及び応用研究を積極的に続けている。2019年12月にはマルチリンガル教育研究の優秀功労を評価され韓国政府から社会副総理兼教育部長官賞を受賞している。管見のかぎりにおいてこのような韓国語・日本語・英語のマルチリンガル教育における基礎・応用研究は韓国では著者が最初である。

　下記の(図1)は著者のマルチリンガル関連の研究論文リストの一部である。

**KCI 등재**
韓・日・英 삼중언어 멀티링구얼 수업의 교육평가 모형 개발 연구―실천 보고를 중심으로―
박강훈 한국일본문화학회 日本文化學報 (98) pp.303-323 2023.08 일본어와문학

KCI 피인용 횟수:0 KCI 원문

**KCI 등재**
한국 성인학습자의 일·영 멀티링구얼 교육 모델 구축을 위한 기반연구
박강훈 한국일본어문학회 日本語文學 1(78) pp.105-126 2018.09 일본어와문학

KCI 피인용 횟수:11 KCI 원문

**KCI 등재**
MOOC 플랫폼을 활용한 일본어 교육의 현황과 전망 - 성인학습자의 日 英 멀티링구얼 교육을 중심으로
박강훈 한국일본어문학회 日本語文學 1(84) pp.21-43 2020.03 일본어와문학

KCI 피인용 횟수:6 KCI 원문

**KCI 등재**
Training Multilingual Educators in Korea : Focusing on the Issues of Bilingual Teacher Training Systems
박강훈 한국일본어문학회 日本語文學 1(100) pp.255-278 2024.03 일본어와문학

KCI 피인용 횟수:0 KCI 원문

**KCI 등재**
생성문법이론과 인공신경망 번역 알고리즘 - 멀티링구얼 교육 모델에의 적용 -
박강훈 한국일어일문학회 일어일문학연구 108() pp.3-22 2019.02 일본어와문학

KCI 피인용 횟수:11 KCI 원문

**KCI 등재**
인공신경망 번역 엔진을 활용한 멀티링구얼 문법 교육 ― 韓·日·英 삼중언어를 중심으로 ―
박강훈 한국일본문화학회 日本文化學報 (80) pp.23-43 2019.02 일본어와문학

KCI 피인용 횟수:14 KCI 원문

**KCI 등재**
K-MOOC における外国語教育モデルの開発と運用 - 「マルチリンガル習得と実践」講座のケーススタディ -
박강훈 한국일본어문학회 日本語文學 1(96) pp.3-23 2023.03 일본어와문학

KCI 피인용 횟수:1 KCI 원문

**KCI 등재**
日本語とAI工学との学際融合教育の試み - 教育課程の運用の実践報告を中心に -
박강훈 한국일본어문학회 日本語文學 1(92) pp.3-25 2022.03 일본어와문학

KCI 피인용 횟수:3

**KCI 등재**
脳科学の観点からみた成人学習者向け日·英マルチリンガル教授法の開発研究-J大学の授業実践事例を中心に-
박강훈 한국일본어문학회 日本語文學 1(87) pp.35-56 2020.12 일본어와문학

KCI 피인용 횟수:5 KCI 원문

**KCI 등재**
韓国の大学における日本語·英語のマルチリンガル教育の試み
박강훈 한국일본어문학회 日本語文學 1(72) pp.25-44 2017.03 일본어와문학

KCI 피인용 횟수:11

(図1) 著者の研究論文リストの一部(出所:韓国研究財団[1])

---

1 URL: https://www.kci.go.kr/kciportal/main.kci

## 1.5. 本書が目指すマルチリンガル教育モデルの目標

　第一に、本書は日本関係の学問を専攻している人、または中・上級レベルの日本語を駆使する人に日本語と英語を同時に習得させ、韓国語・日本語・英語のマルチリンガル人材を育成することが目標である。韓国の大学で日本語を専門とする多くの大学生は英語習得に対するストレスが少なくないようである。韓国社会における第一外国語は英語であるため、就職などにおいてまず求められるのが英語であるからである。本書が彼らが感じている悩みやストレスを少しでも軽減することに役立てればと考える。また、今までは別々に勉強してきた日本語と英語を同時に学習することによって、時間や労力、そして費用なども節約できるものと期待される。

　第二に、海外就職の準備をしている就活生と海外の企業、この双方のニーズに応えることである。朴(2021a)によると、2019年10月時点で日本に就職した韓国人の就職者数は約7万人である。そのデータを示すと下記のとおりである。

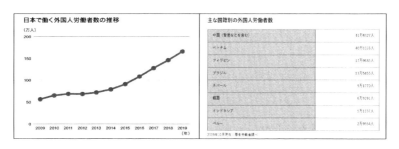

(図2) 日本で働く外国人労働者の推移(左)、
主な国籍別の外国人労働者数(右)(出所:朴(2021a:23))

　朴(2021a)は多くの日本企業が韓国の海外就活生に求めること
はいろいろあるが、特に外国語の能力、その中でも日本語と英語
の能力であると指摘する。従来、日本は内需だけでも経済が支え
られてきたが、国内の不況が長く続いているため、多くの日本企
業は海外市場に目を向けているようである。よって、企業側は日
本語だけではなく、英語も使いこなせるグローバル人材を求めるよ
うになってきたわけである。特に、韓国人の若年層は日本人より英
語が堪能であるという調査結果があり、最近韓国人の採用に積極
的な企業が増えているそうだ。朴(2021a)は日本企業18ヶ所を対
象にインタビューを行った結果、韓国の若年者のようなマルチリン
ガル能力、すなわち「韓国語+日本語+英語」の能力を持っている
と日本での就職はかなり有利になるとの回答を得た。

　第三に、多言語・多文化共生へと向かうグローバル時代に、
「三ヶ国語の習得と実践を楽しもう!」というキャンペーンを実施する
ことである。パク・カンフン(박강훈, 2023)によると、2023年現在、
韓国に居住する外国人の数は約250万人を超え、韓国の人口を
約5千万人と見積もった時、韓国はすでに多文化・多人種国家に
分類される。また、国際結婚家庭の学生数も毎年増加する傾向に
あり、韓国社会はかなり速いスピードで多文化・多人種国家化が進
みつつある。韓国政府は健全な多文化社会づくりのために、さま
ざまな支援を継続的に行っている。また、韓国の学界もこのような
社会的現象に対応し、さまざまなプログラムや研究成果を出してい
る。しかし、今までこれらの機関は多文化に関連した項目にのみ

注目してきた。つまり、多言語に関してはあまり関心が寄せられていないのが現状である。**Park(2024a)**は、このことは韓国の国際結婚家庭の構成員に家庭暴力、学校暴力など深刻な社会問題を及ぼしたと主張する。いわゆる多言語・多文化先進国と呼ばれる国々、例えばカナダ、オーストラリア、シンガポールの場合も初期の段階では上述したような問題に直面したが、多言語政策にも力を入れた結果、現在は大分改善しているようである。本書をきっかけに三ヶ国語の習得と実践の楽しさを多くの人に味わってもらえればと思う。

## 1.6. 本書が目指すマルチリンガル教育モデルの概要

### 1.6.1. 対象になる学習者

日本関係の学問(Japanese Studies)を専攻している人、または専攻を問わず中・上級レベルの日本語を駆使する人である。本書が目指すマルチリンガル教育モデルの教授法は日本語で英語を教えるという一種のイマージョン・プログラム (immersion program)[2]の形をとるため、ある程度の日本語の能力が求められることになる。

---

2 イマージョン・プログラムに関しては後の**3.5.1**節で詳細に見ることにする。

### 1.6.2. 教材

　基本的に日本語と英語が同時に習得できる資料なら何でも教材として用いられると考えられる。特に、学習者自身にとって興味深い資料を使って学習することが重要である。本書において著者が自ら制作した日・英マルチリンガル教材をサンプルとして提示する。サンプル教材の構成や内容などに関しては後ろの4節-14節において詳しく説明する。

### 1.6.3. 講義で使われる言語及び教授法

　第1節-第3節の内容は多言語習得に関する理論であるため、なるべく韓国語で進めていくことを勧める。第一言語の韓国語を使うことによって、受講生の多言語習得に対するモチベーションを高めることを目標とする。

　第4節-第14節の内容はマルチリンガル教育の実践編であるため、主に日本語で進めていくことを勧める。具体的には下記の(図2)のように第一言語(Language 1、以下、「L1」とする)である韓国語が約5%、第二言語(Language 2、以下、「L2」とする)である日本語が約80%、第三言語(Language 3、以下、「L3」とする)である英語が約15%という割合で構成されている。

(図3) 講義で使われる言語の割合

　後ろでも詳しく説明するが、本書が目指す三重言語のマルチリ
ンガル授業モデルにおいてもっとも重要で中心となる言語はL1で
あり、続いてL2とL3の順である(→「L1>L2>L3」)。また、この三ヶ
国語の重要度の順序は学習者自身で駆使できる言語能力の順序
と一致する。言い換えると、学習者にとってL1のレベルがもっとも
高く、これに続いてL2とL3となる。

　本講義ではL2を媒介にしL3を習得する。つまり、第4節-第14
節においてはL2の日本語でL3の英語を説明するイマージョン・プ
ログラムを主な教授法として採用する。

### 1.6.4. 教育課程
　本書が目指すマルチリンガル教育は「多言語習得の理論のみで
はなく、実践も一緒に学ぼう」というものである。よって、上述した
ように第一章は多言語習得の理論編、第二章は実践編のように分

かれている。ただし、学習者のニーズに応え、理論編はなるべく簡単な形式で概観し、実践編に重点を置くことにする。

また、実践編においては言語の4技能である話す(Speaking)、読む(Reading)、書く(Writing)、聴く(Listening)をバランスよく伸長させることを試みる。例えば、日・英両言語における語彙、会話、ネイティブスピーカーによる聞き取り練習、文法、読解、発音クリニック、そして作文などのようなセッションを設けている。

### 1.6.5. 教育評価

実践編を中心にマルチリンガル教育における教育評価を進めることにする。本書における4節-7節と9節-14節は一つのユニットの形でそれぞれ独立している。各ユニットの最後に日本語・英語のマルチリンガル・クイズを入れ、各ユニットで学んだ内容をミニテストの形で評価する。

また、8節と15節はそれぞれ中間テストと期末テストのような形式で教育評価を行う。8節の中間テストは4節-7節で学んだ内容を、15節の期末テストは9節-14節で学んだ内容を中心に行う。

以上、本節ではマルチリンガルの定義と本書が目指すマルチリンガル教育モデルについて概観した。マルチリンガル教育における教授法[3]に関するさらなる内容は朴(2020)を、教育評価に関してはパク・カンフン(박강훈, 2023)をぜひ参照されたい。

---

3 日本語・英語のマルチリンガル教育の教授法に関しては後の3節で詳細に見ることにする。

23

# Chapter 2

# 多言語習得論の概要

## 学習目標

1. 言語学的アプローチで多言語習得論の基礎知識が理解できる。
2. 韓国と日本のマルチリンガル教育の現状を概観し、残された課題について理解できる。
3. 多言語習得の必要性を明らかにし、マルチリンガル学習へのモチベーションが高められる。

## 2.1. マルチリンガルの国は多数派?少数派?

　本論に移る前に、皆さんに一つクイズを出させてもらおう。この地球上の言語数は全部でいくつぐらいであろうか。言語百科事典として知られているエスノロジー(ethnology)によると、地球上には以下の(図1)のようにおよそ6千の言語が存在している。ただ、この中には少数民族の言語もかなり含まれており、およそ9割は21世紀末に消滅する危機にあるとされている。

## Quiz. 1)地球上の言語の総数は?
### ○ およそ6,000種類

(図1) 地球上の言語の総数

　次に二番目のクイズを出させてもらおう。世界の中で、マルチリンガルの国は多数派であるのか、または少数派であるのか。答えは「多数派」である。先行研究によると、モノリンガルの国は全世界の3割にも満たない少数派である。韓国と日本はこのモノリンガル

の国に分類される代表的な国である。ただし、1節でも述べたように韓日両国は現在急速に多文化共生社会に変わりつつあり、多言語習得へのニーズや必要性もどんどん高まっている。

## 2.2. 「マルチリンガル教育」vs.「外国語教育」

　本節ではマルチリンガル教育と外国語教育の違いは何であるのかを説明し、これから多言語習得をどのようにすればよいのか、その方向性を提示しておきたい。ちなみに、本節の内容は中島(2010)の内容を一部まとめたものである。

### 2.2.1. 母語との関係

　マルチリンガル教育は母語(mother toungue)と外国語のいずれも教育対象になる。これに対して、外国語教育は外国語だけが教育対象となる。事例研究の例を一つ提示する。母は韓国人で、父はイギリス人のいわゆる国際結婚家庭の場合、この家庭で生まれた幼児は韓国語と英語を同時に習得するであろう。これが典型的なマルチリンガル教育の事例になる。これに対し、韓国の中・高の英語教育を見ると、英語だけが教育対象になっている。これは外国語教育の典型的な事例である。

　本書の1.6.3節において本書が目指すマルチリンガル教育モデルにおいてもっとも重要になる言語はL1の韓国語であると述べたが、この理由はマルチリンガル教育において母語も教育対象と

なっているからである。

### 2.2.2. 目標設定と所要時間

　マルチリンガル教育は目標設定が高く、また、目標達成に至るまでの時間もかなりかかる。これに対し、外国語教育はマルチリンガル教育よりは全般的に目標設定が低く、所要時間も短い。もちろん、外国語教育においても目標言語をマスターするまでにはかなりの時間がかかるが、マルチリンガル教育に比べると総時間数は少ないほうである。例えば、多くの先行研究によると、マルチリンガル人材を育て上げるには、幼児期~20代前半まで粘り強くかなりの時間をかけなければならない。

　よって、本書はマルチリンガル教育においてもっとも重要なのは学習者の多言語習得へのモチベーションであると見なし、多言語習得の実践に移る前にこのような多言語習得論の基礎知識を身につけることが優先に行われるべきであると考える。

### 2.2.3. 言語習得の場

　先行研究によると、言語習得の要因は大きく「個人的な要因」と「環境的な要因」に分けられる。「個人的な要因」には年齢、性格、記憶力などのようなものがあり、「環境的な要因」には家庭環境、社会環境などのようなものがあるとされる。マルチリンガル教育の場合は主に学校と家庭における言語環境が重要になってくるのに対し、外国語教育は教師による教材選択や教授法などに左

右される場合が多い。

　本書では上述した言語習得の場の捉え方に基づき、学校や家庭で適切に習得できるマルチリンガル教育モデルを提案することを目指す。

## 2.2.4. 言語間の社会的格差

　マルチリンガル教育は目標言語が2つ以上であるため、言語間の社会的格差が生じる。例えば、韓国の国際結婚の場合の例を挙げてみる。ある結婚移住女性が韓国人の男性と結婚し子供が生まれた場合、子供は母親側の言語と父親側の韓国語のいずれも習得する必要がある。しかし、家庭によっては子供に母親側の言語より、父親側の言語の習得を優先しようとする傾向がある。その理由はこれら2つの言語の間には社会的格差が存在し、韓国語を子供に教えたほうがより有利になるのであろうという判断に基づいているからである。この事例からマルチリンガル教育においては言語間の社会的格差が存在することが分かる。言語間の社会的格差の基準を定めることはそう簡単な問題ではないが、主に当該言語を使用する国の経済的なレベルにより定められる場合が多い。これに対し、外国語教育の場合は学習者自身が学びたい言語を選ぶのがほとんどであるため社会的格差は生じない。

　本書はマルチリンガル教育において言語間の社会的格差が生じるのは仕方のない社会的現象であると考えるが、国際結婚家庭においてよく見られる上述のような言語観は直ちに修正されるべき

であると主張する。特に、母親側の言語を等閑視し、韓国語を優先して教えるのは子供のためにも、また、当該家庭の家族全員のためにも全く健全ではない。

### 2.2.5.「外国語で教えるのか」vs.「外国語を教えるのか」

マルチリンガル教育はどちらかというと、外国語で教える方である。前の1.6.3節で述べたように、本書が目指すマルチリンガル教育の教授法のモデルはイマージョン・プログラムである。イマージョン・プログラムの発祥地は代表的なマルチリンガルの国であるカナダであり、例えば、学年などによって、数学は英語で、科学はフランス語で教育を行うといった方式がとられている。本書ではこのようなカナダのイマージョン・プログラムを応用し、第一の目標言語(→L2の日本語)を媒介に第二の目標言語(→L3の英語)を教える方式を開発・採用した。これに対し、外国語教育は当該の外国語をそのまま教える教育の方式をとるものである。

### 2.2.6. 異文化の習得とアイデンティティー

マルチリンガル教育は2つ以上の言語のネイティブスピーカーとの直接的な接触を通じ、2つ以上の言語の情緒、文化、そして行動規範などを身につけるものである。これに対し、外国語教育は当該言語の運用能力を養い、国際社会における相互理解力を向上させることに焦点が当てられている。

以上、本節ではマルチリンガル教育と外国語教育はどのように

異なっているのかについて概観した。1つの言語を習得するのも容易でないことを考えると、2つ以上の言語を習得するというマルチリンガル教育は、学習者にとってこの言葉自体が持つ重み以上の重みを持つと考えられる。よって、複数の言語の習得をなるべく楽しもうとする姿勢を長期間維持することが非常に重要になってくるのである。

## 2.3. 言語形成期におけるマルチリンガル教育

　言語形成期とは一つの言語や文化が形成される過程にある時期のことを指し示す。先行研究によると、2歳から15歳までの期間がこの言語形成期であり、この時期にマルチリンガル教育が行われたほうがより効果的である。通常、15歳までが「臨界期(critical period)」と呼ばれ、人間にとってこの臨界期まで言語習得が活発に行われると報告されている。また、中島(2010)によると、言語形成期はさらに言語形成期前半と後半に分けられる。言語形成期前半は9-10歳までに当たり、この時期においては「母文化」、「話し言葉」、「読み書きの基礎」という順序で習得される。言語形成期後半においては「読解力・作文力」、「抽象概念・抽象語彙」の順で習得される。

　「話し言葉」は言語形成期前半の2-8歳ごろに形成される。中島(2010)は0-2歳は「ゆりかご時代」、2-4歳は「子供部屋時代」、4-6歳は「遊び友達時代」、そして6-8歳は「学校友達時代」のように細

分類している。また、中島(2010:24)はWells(1981)(1985)を引用し、「この時期に親が家庭の中で子どもにどのように対応し、どのような「話し合い」をするかが、学齢期になってからのその子の学業成績と深い関係がある」と指摘する。

　以上の内容に基づき、言語形成期前半においてマルチリンガル教育が、特に話し言葉を中心に行われると非常に効果的である。このとき、L1とL2への接触をバランスよく調整する必要がある。例えば、国際結婚家庭における児童の場合、家庭では母親と接する時は母親の言語で、父親と接する時は父親の言語でコミュニケーションを取らせる(→一人一言語法則)。また、学校では教師がその継承語(heritage language)使用を尊重し、家庭でも継承語使用を積極的に続けることを励ます。

### 🅰 国際結婚家庭におけるマルチリンガル教育

○ 児童に母親と父親の言語それぞれを使用させるよう奨励
　(→一人一言語法則)

(図2) 国際結婚家庭におけるマルチリンガル教育

　このような国際結婚家庭においてマルチリンガル教育を受けている児童は成長するにつれ、いわゆる「Code Mixing」や「Code Shifting」という現象が現れる。「Code Mixing」とは、L1とL2を混ぜて使うことを指す。「Code Shifting」とは、L1を話している途中で、突然L2に切り替えて話す現象を指し示す。周りの大人は子供のこのような「Code Mixing」や「Code Shifting」を懸念し、なるべく一つの言語のみを使用するよう子供に呼び掛ける場合がある。しかし、このような「Code Mixing」や「Code Shifting」は子供の多言語習得過程において現れる自然な現象であるため、むしろその使用を積極的に励ます必要がある。

　以上、言語形成期におけるマルチリンガル教育について概観した。上述した内容は国際結婚家庭における幼児や子供に適用できる理論になる。ただし、本書の主な研究対象は成人である。成人の場合に関しては、先行研究ではあまり指摘されていない。後ろの3節で成人の効率のよい多言語習得について述べることにする。

## 2.4. 多言語習得論の基礎知識

　本節では多言語習得論の基礎知識を先行研究の代表的理論を中心に概観する。特に、中島(2010:28-33)が引用したCummins (1978)(1991a, b)の提唱する「バイリンガルが育つメカニズム:原則1-4」を中心に見ていく。

　原則1は、「相乗効果を生む加算的バイリンガリズム(The additive

33

bilingualism enrichment principle)」である。両言語が高度に発達する高度バイリンガリズムになると、認知力、創造力、思考の柔軟性、母語の読解力、言語の分析力などが高まる。また、このような能力は第3、第4言語も容易に習得できるように役立つ。

　原則2は、「2言語相互依存の原則(The linguistic interdependence principle)」である。2言語には共有面があり1つの言語による教科学習を通して習得したことがもう1つの言語による学習にも役立つというものである。例えば、「民主主義」や「九九」のような概念をすでに理解している日本人の子供は英語でこれらの概念を学ぶ際は未習の場合より早く習得できるようになる。先行研究では2言語がまったく関係なく別個に存在するという説、2言語は別個の言語であるが深層面では共有面があるという説に分かれており、前者は分離基底能力モデル(Separate Underlying Proficiency)、後者は共有基底能力モデル(Common Underlying Proficiency)と呼ばれる。これらの2つのモデルを図に示すと下記のようになる。

## 2言語相互依存の原則

○ 分離基底能力モデル(Separate Underlying Proficiency)
○ 共有基底能力モデル(Common Underlying Proficiency)

(図3)「分離基底能力モデル」vs.「共有基底能力モデル」

　中島(2010)によると、ほとんどの先行研究は(図3)のモデルのうち「共有基底能力モデル」を支持している。本書も「共有基底能力モデル」のほうが妥当であると考える。

　原則3は、「会話力・教科学習言語能力の原則(The conversational/academic language proficiency principle)」で、会話面と学習言語面では習得にかかる時間が大きく異なるというものである。

　原則4は、「対人コミュニケーション充足の原則(The sufficient communicative interaction principle)」で、人との十分なインターアクションがことばの発達に必要であるというものである。ただし、インターアクションの量は2言語の能力と密接な関係があり、2言語ともバランス良く使用することが非常に重要である。

　以上、多言語習得論の代表的な研究者であるカミンズの「バイリンガルが育つメカニズム:原則1-4」を概観した。この理論は児童を研究対象としている点、バイリンガリズムに焦点を合わせている点で本書の目指す教育モデルとはやや異なっているが、大人を研究対象としたマルチリンガリズムにも十分適用できると考えられる。

## 2.5. マルチリンガル教育の必要性

　前節では多言語習得論について見た。本節ではマルチリンガル教育の必要性について見ていく。

　第一に、韓国における健全な多言語・多文化社会への定着のためである。前の1.5節でも述べたように、韓国は速いスピードで

多文化・多人種国家化しつつある。さらに、韓国は世界最低水準の出生率を記録しており、このままでは国家としての存続さえ危ぶまれる状況である。よって、韓国政府は「移民庁(仮称)」を新設し、海外からの優秀な人材の誘致に積極的に取り込む予定である。まさに、韓国はこれから多言語・多文化社会として生まれ変わるわけである。例えば、最近国際結婚家庭が急速に増えている。本書の2.3節でも述べたように、このような家庭で生まれた児童は、母親の言語、父親の言語、そして学校では国際語としての英語まで全部で三ヶ国語を習得する必要がある。このような多言語習得は当該家庭の児童だけではなく、すべての母親と父親にも該当する。しかし、1.5節でも述べたように、今まで韓国政府や各自治体などは健全な多文化社会の定着にのみ力を入れてきた。しかし、ある国の言語には必ずその国の文化も反映されている。つまり、人間社会において言語と文化は切っても切れない不可分の関係を結んでいるのである。韓国における健全な多言語・多文化社会の定着のためにマルチリンガル教育が必要な理由はここにある。また、マルチリンガル教育は本書が実施している「三ヶ国語の習得と実践を楽しもう!」というキャンペーンの始まりでもある。

　第二に、有資格マルチリンガル教員の養成のためである。今後、マルチリンガル教育が広がると、マルチリンガル教育を担当する多数のマルチリンガル教員が必要となる。しかし、まだ韓国ではこのようなマルチリンガル教員がほとんど存在しない。現在、いわゆる「多文化言語講師(二重言語講師)」と呼ばれる教員が存在

するが、**Park(2024a)**で指摘されているように残された課題が少なくない。マルチリンガル教育の発展と拡大のためには、有資格マルチリンガル教員の養成は必須である。

　第三に、政府レベルでのマルチリンガル教育政策の策定のためである。上述したように、韓国社会はますます多言語・多文化社会に変貌しているが、マルチリンガル教育に関する研究や実施機関はほとんどない。また、韓国国民のマルチリンガルに対する受け入れ意識も低い傾向にある。今こそ政府が乗り出し、マルチリンガル教育政策の策定を通じて韓国社会の未来に備えるべきである。多言語・多文化先進国の場合、多くは政府が積極的に乗り出し、マルチリンガル教育政策の策定を主導している。また、日本や台湾などの国でも最近では政府主導のマルチリンガル教育政策の策定が行われている。こうした中、マルチリンガル教育を通じて韓国政府のマルチリンガル政策の策定を促したいと考えている。

　第四に、韓国の大学生と企業双方のニーズに応えるためである。**朴(2015a)**は韓国の大学生に対するニーズ調査の結果を中心に、**朴(2021a)**は海外企業側のニーズ調査の結果を中心に、マルチリンガル教育がいかに必要かを指摘している。韓国を含めた現在の国際社会では、人々の移動が拡大するにつれて国境という概念がますます曖昧になっている。これにより世界における数少ない代表的な単一言語国家である韓国と日本も多言語国家に急速に変わりつつある。マルチリンガル教育の導入を通じてこのような社会的ニーズに応えることは、研究者として果たすべき責務で

あると考えられる。

## 2.6. 韓国におけるマルチリンガル教育の現状及び提案：日本との比較を中心に

　前節においてマルチリンガル教育の必要性について述べた。本節では韓国でのマルチリンガル教育の現状について見た上で、いくつかの提案をする。

　前節でも少し触れたように、事実、韓国でのマルチリンガル教育の現状はその必要性に比べて非常に劣悪であるといえる。(ⅰ) 2.2節と2.3節で述べたように、国際結婚家庭の児童の場合、母親や父親の言語と韓国語との社会的格差が大きければ、韓国語の習得だけを強要されることが多い。これは親の場合も同様である。この他にも(ⅱ) ある幼稚園では、「韓国語＋英語＋中国語」のマルチリンガル教育が行われているが、これといった教育課程や教授法などが不在のまま進められている。(ⅲ) 地方自治体によって児童たちを中心にバイリンガル教育が進められているが、前節で指摘したように二重言語講師制度がきちんと整っていないため、非常に不備が多い状態でなされている。上述の(ⅰ)-(ⅲ)のような問題点が発生した理由は、韓国できちんとした多言語習得及びマルチリンガル教育の実践に関する研究が行われていないためと考えられる。これからは韓国政府と地方自治体がマルチリンガル教育の必要性を自覚し、マルチリンガル教育に対する予算を積極的に拡大しな

ければならない。また、全国の大学でこのような予算を中心に多
言語習得及びマルチリンガル教育の実践に関する研究を進め、
その結果を韓国社会に公開すべきである。実は、これまでの韓国
での外国語教育は入試や資格取得が主な目的であった。しか
し、外国語教育の本来の目的は、コミュニケーションや異文化理
解であることを忘れてはならない。

　隣国の日本の場合、多言語習得とマルチリンガル教育の実践
が韓国よりはるかに発展している。例えば、政府や地方自治体の
ホームページを見ても、少なくとも6つ以上の多言語サービスを提
供しており、なおかつ多言語関連法令を制定している。各大学で
は多言語習得とマルチリンガル教育実践のための研究が盛んであ
り、このような研究結果を積極的に発信している。また、民間では
マルチリンガル同好会が活発に行われている。デジタル化が急速
に広がっている今、日本はデジタル後進国という汚名とともに、変
化に鈍感であるという理由から「ガラパゴス化する日本」と呼ばれて
いる。このような日本が、マルチリンガル教育についてはなぜこれ
ほど急速に変化しているのであろうか。

　その理由は、日本社会も人口構造の変化により急速に多言語・
多文化共生社会に変貌しているためであると考えられる。日本政
府や各自治体は、人口構造の変化についてはデジタルよりもはる
かに深刻に受け止め、様々な政策や法令の制定とともに、少なく
ない予算をマルチリンガル教育に投入している。

　以上、韓国と日本におけるマルチリンガル教育の現状について

述べた。韓国も人口構造の変化の重要性を認識し、政府や自治
体、そして大学を中心に多言語習得とマルチリンガル教育の実践
の研究に力を注ぐべき時である。本書がこのような変化の風を少し
でも吹き込むのに役立てればと思う。

# Chapter 3

# 脳科学の観点からみた効率の良いマルチリンガル教授法と学習法

## 学習目標

1. 脳科学の観点からみた効率の良いマルチリンガル教授法と学習法が理解できる。
2. これまで自分の外国語の実力が早く上達できなかった理由が理解できる。
3. 成人と児童の外国語の習得プロセスの違いを知ることによって、成人の効率の良いマルチリンガル学習法が理解できる。

## 3.1. 韓国における外国語教育の現状

　本節では、韓国における外国語教育、特に学習者数が最も多い英語教育の現状について見ていく。韓国はいわゆる「英語共和国」と呼ばれるほど、韓国人の英語教育に対する情熱は格別である。この理由は、韓国の主要産業の一つが輸出産業で構成されているため、国際語である英語の習得は非常に重要だということにある。このため、韓国人は児童から成人に至るまで英語教育を受けている。では、ここで最初のクイズを出したい。「韓国の英語教育に関連する総支出額は年間どのぐらいだろうか?」ニュースによると、2016年基準で約1兆円であるという(朝鮮日報　2016/08/17)。このニュースは、韓国の1人当たりの英語私教育の支出は全世界で最も高い水準であるとしている。

　次は2番目のクイズである。「では、韓国人の英語ランキングは世界で何位であろうか?」その結果は下の表の通りである。

(表1) ETSが公表した韓国を含む171ヶ国のTOEFLランキング

2019年度主要国TOEFL成績
(171ヶ国100点満点基準)

| 順位 | 国家 | 点数 |
|---|---|---|
| 1 | オーストリア | 100 |
| 2 | オランダ | 99 |
| | スイス | |
| 4 | シンガポール | 98 |
| | ベルギー | |
| | ドイツ | |
| | 南アフリカ共和国 | |
| 12 | オーストラリア | 95 |
| | 印度 | |
| 30 | 米国 | 91 |
| | マレイシア | |
| 46 | フィリピン | 88 |
| | フランス | |
| | ロシア | |
| 77 | ベトナム | 84 |
| 87 | 大韓民国 | 83 |
| | 北朝鮮 | |
| | 台湾 | |
| | コロンビア | |
| 102 | 中国 | 81 |
| 146 | 日本 | 72 |

2019年度主要国TOEFL Speaking
成績(171ヶ国30点満点基準)

| 順位 | 国家 | 点数 |
|---|---|---|
| 1 | デンマーク | 26 |
| | 南アフリカ共和国 | |
| 3 | オーストリア | 25 |
| | オランダ | |
| | スイス | |
| | ドイツ | |
| | ベルギー | |
| 12 | シンガポール | 24 |
| | オーストラリア | |
| | 印度 | |
| 28 | 米国 | 23 |
| | フィリピン | |
| 61 | マレイシア | 22 |
| | ロシア | |
| 77 | ベトナム | 21 |
| | コロンビア | |
| 132 | 大韓民国 | 20 |
| | 北朝鮮 | |
| | 中国 | |
| | 台湾 | |
| 169 | 日本 | 17 |

TOEFLを主管しているETSは2019年基準で171ヶ国の中でTOEFL全体のランキングは韓国は87位であると明らかにしている。TOEFL Speakingの場合は171ヶ国中132位となっている。すなわち、英語のスピーキングの順位は世界で下位圏に属しているということである。

　全世界で英語教育に最も多くの費用をかけている韓国が、スピーキングの順位では下位圏にとどまっているということは、これまでの英語を含めた外国語の教育方法を反省し、振り返るべき時であると考えられる。英語は韓国語と語順が異なり、習得するのに難しい言語の一つとして認識されている。他方、ヨーロッパ人の場合、英語と母語の文法的な類似性によりアジア人に比べ英語の習得が容易であることが知られている。しかし、北欧諸国の一つであるフィンランドの場合、英語とフィンランド語は文法的にあまり類似していないにもかかわらず、フィンランド国民の70%以上が英語を自由に使っている(中央日報2023/09/26)。実際、フィンランドも1960年代には今とは異なり、英語のコミュニケーションにおいて大きな困難を経験したと報告されている。当時は今の韓国と同様に文法中心の教授法が大体を占めていたという。しかし、コミュニケーション中心の教授法(コミュニカティブ・アプローチ、communicative approach[4])に転換して以来、大多数のフィンランド国民の英語力が向上したと言われている。

　以上、韓国の外国語教育の実態について概観した上で、フィンランドの事例を見た。以下では、このような内容を踏まえ、脳科学の観点から見たコミュニカティブ・アプローチのマルチリンガル学習法について朴(2020)を中心に提案する。

---

4　コミュニカティブ・アプローチに関しては後の3.5.2節で詳細に見ることにする。

## 3.2. 脳科学の観点からみた成人と児童の言語習得

### 3.2.1. 発話時の神経言語学的プロセス

朴(2020:41)は人間の発話時の神経言語学的プロセスについて
キム・ヒョンギ(김현기, 2006)を引用し次のように述べている。音声
生成はウェルニッケ野で生成され、ブロカ野で解釈される。文字は
視覚野(visual cortex)を通し角回(angular gyrus)を経てウェルニッ
ケ野に到達すると、聴覚信号と接続しブロカに伝達される。音声
の認知は耳を通し聴覚野(auditory cortex)に到達すると、ウェルニッケ
野に伝達され、そこで理解される。

以上の人間の発話時の神経言語学的プロセスを図で示すと下
記の通りである。

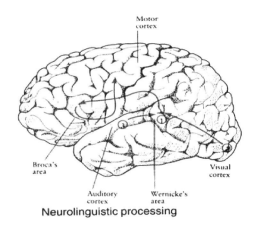

(図1) 神経言語学的プロセス(キム・ヒョンギ(김현기, 2006:2))

### 3.2.2. 母語と第二言語の習得時における成人の脳の構造

朴(2020:42)はKim et al.(1997)を引用し以下のように指摘している。機能的磁気共鳴画像法(functional Magnetic Resonance Imaging、以下「fMRI」と呼ぶ)を通して人間の脳皮質における母語と第二言語間の空間関係を分析することができるが、成人の場合、前頭葉言語敏感領域(frontal-lobe language-sensitive regions)であるブロカ野1、2、3の内部を分析した結果、母語と第二言語の保存場所は空間的に分離されている。以下の(図2)を見てもらいたい。

Figure 1: A representative axial slice from a 'late' bilingual subject (A) shows all voxels that pass the multistage statistical criteria at $P \leq 0.0005$ as either red (native language) or yellow (second acquired language).

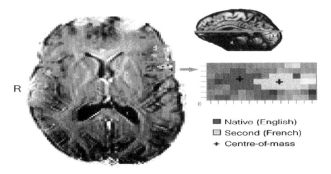

(図2) 母語と第二言語の習得時の成人の脳の構造(Kim et al.(1997:172))

(図2)は英語を母語とする成人がフランス語を第二言語として習得する場合、言語ごとにブロカ野の内部保存の場所がそれぞれどのように異なるのかをよく示している。(図2)の拡大されたところに

注目すると、左側が母語の英語が保存される場所であり、右側が第二言語のフランス語が保存される場所である。これらの言語間で重なる部分はほとんどないことが分かる。

　これに対し、児童の場合、上述した大人とは異なった脳の構造を持つ。以下の(図3)を参照されたい。

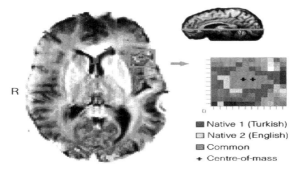

Figure 5: A representative axial slice from an 'early' bilingual subject (G) who learned English and Turkish simultaneously during early childhood shows all voxels that pass the multistage statistical criteria at *P* ≤ 0.0005.

(図3) 母語と第二言語の習得時の児童の脳の構造(Kim et al.(1997:173))

　(図3)はトルコ語を母語とする児童が英語を第二言語として習得する場合、言語ごとにブロカ野の内部保存の場所がそれぞれどのようになっているのかを示している。(図3)の拡大されたところに注目すると、右側が母語のトルコ語が保存される場所であり、左側が第二言語の英語が保存される場所である。これらの言語間で重なる部分、つまりオレンジの部分はかなり広い範囲で見られることが分かる。このような現象は、上記で見た成人のそれとはかなり異

なっている。言い換えると、成人の場合は母語と第二言語の習得時のブロカ野の保存場所がほとんど重なっていないのに対し、児童の場合はかなり広い範囲で重なっているのである。

　このような成人と児童の母語と第二言語の習得時の脳の構造における相違点はマルチリンガル教授法の開発において大きな示唆を与えてくれると考えられる。次節で見る脳の記憶の二つのタイプにおいても、成人と児童の母語と第二言語の習得時に相違点が窺える。

## 3.3. 長期記憶の二タイプと言語習得への適用

　朴(2020:45)は言語習得において長期記憶が重要な役目を果たすと指摘する。また、Squire & Zola(1996)、Raabe(2002)、Ullman(2004)、ユ・トクグン(유덕근, 2012)などを引用し、長期記憶(long-term memory)には次のように大きく二つのタイプが存在するとしている。

　　(1) 長期記憶の二タイプ
　　　　a. 陳述記憶(declarative memory)
　　　　b. 非陳述記憶[5](non-declarative memory)

　　　　　　　　　　　　　　　　　　　(朴(2020:45-46))

---

　5　先行研究によっては「手続き記憶(procedual memory)」とも呼ばれる。

(1a)の陳述記憶は主に明示的な(explicit)記憶でエピソードや意味(facts、events)に細分化され、(1b)の非陳述記憶は主に暗黙な(implicit)記憶で手続き(procedual)記憶、プライミング(priming)、古典的条件付け(simple classical conditioning)、非連合学習(non-associative learning)に細分化される。学習面に注目しより分かりやすく説明すると、陳述的な記憶は主に学習などの暗記によるものであるのに対し、非陳述的な記憶は運動や楽器演奏など体で身につけるようなものであるといえる。

### 3.3.1. 二タイプの長期記憶と言語習得への適用

上述した二タイプの長期記憶は言語習得にも大きな関連性がある。語彙(metal lexicon)と語順や文のような文法項目(mental grammar)はそれぞれ次のような記憶に属すると指摘する。

(2) a. 語彙(mental lexicon)　　　　→ 陳述的記憶
　　 b. 文法項目(mental grammar) → 非陳述的記憶

(朴(2020:47))

すなわち、人間が母語をはじめとする言語を習得する際、語彙は学習など暗記によって陳述的記憶に保存されているのに対し、語順や文のような文法項目は体で身につけるような非陳述的記憶に保存されるということである。また、このような陳述的記憶と非陳述的記憶は脳の中の保存場所も多少異なっていると指摘されてい

る。

　また、朴(2020)は母語と第二言語の習得時において用いられる記憶のタイプが次のようにそれぞれ異なっていると主張している。


 (3) [母語]

  a. 語彙(mental lexicon)   → 陳述的記憶

  b. 文法項目(mental grammar) → 非陳述的記憶

 (4) [第二言語]

  a. 語彙(mental lexicon)   → 陳述的記憶

  b. 文法項目(mental grammar) → 陳述的記憶

(朴(2020:48))


　母語の場合は(3)に示されているように、語彙は陳述的、文法項目は非陳述記憶として用いられるのに対し、第二言語の場合は語彙と文法項目のいずれも陳述的記憶として用いられるのである。つまり、第二言語の場合、結局暗記による陳述的記憶が必要である。また、このような現象は、第二言語との接触時期が遅くなればなるほど強く現れる。興味深いことに、このような主張は前節で見たKim et al.(1997)の主張と類似する。


## 3.4. 成人学習者の多言語習得への適用

　3.2節-3.3節の内容をまとめると、(5)のような結論を導き出すこと

ができる。

(5) a. 脳科学の観点に基づくと、成人と児童の母語と第二ま
たは第三言語の習得の方法は異なっている。

b. 成人が第二または第三言語を習得する際は、母語の
場合とは異なり暗記による陳述的記憶が必要とされ
る。

c. 成人と児童の第二または第三言語の習得方法は上記
のように相違するため、マルチリンガル教授法の開発
においてもそれぞれ異なった方法が導入されるべきで
ある。

(朴(2020:49))

本書は成人学習者のマルチリンガル教授法の開発に当たって
次のような前提条件を提示する。

(6) a. L2とL3を陳述的記憶で習得できる最適な教授法が必
要である。

b. 三重言語の中で最も中心となる言語をL1と見なし、言
語別の目標達成度はL1> L2> L3のようになる。

(朴(2020:50))

次節では、(6)を踏まえ効率の良いマルチリンガル教授法につ

いて提案する。

## 3.5. 成人学習者の効率の良いマルチリンガル教授法と学習法

　本節では成人学習者の効率の良いマルチリンガル教授法と学習法について朴(2020:50-52)の内容を引用し概観していく。朴(2020)はマルチリンガル教授法に焦点を当て述べているが、学習者の立場から読み取ると、成人学習者の効率の良いマルチリンガル学習法にもつながると考えられる。

### 3.5.1. イマージョン・プログラム

　日本語・英語のマルチリンガル教育における主な教授法の一つとしてL2の日本語でL3の英語を教えるイマージョン・プログラム(immersion program)が挙げられる。通常イマージョン・プログラムは外国語で数学、科学、社会などの教科を教えることが一般的であり、カナダの小・中・高校で活発に行われている教育プログラムの一つである。イマージョン・プログラムは1960年代のカナダで始まったものであり、授業の言語として外国語を使用し、教科の学習と同時に外国語習得も可能になると認められている。授業の媒介語として計画的に二つの言語を使用することで接触量を増やし、その質も高めるものである(中島(2010))。しかし、最近は授業の媒介語を使用するだけでは文法習得が正しく行われないという反

省から言語そのものに焦点を当てた授業づくりが台頭している。この点を踏まえ、本授業におけるイマージョン・プログラムでは上述した従来のイマージョン・プログラムの問題点を解決し効率性を大幅に向上させる方法をとった。それが、L2を媒介語にしてL3を教えることである。今までのイマージョン・プログラムは、上述したように数学や社会などの教科をその目標言語を媒介語に教えるのが一般的であった。つまり、本授業の教育モデルのように二つの目標言語を同時に習得させるために、一つの目標言語を媒介語にしもう一つの目標言語を教えるというのは先行研究では見当たらない方法である。

### 3.5.2. コミュニカティブ・アプローチ中心のブレンド方式

本書における日本語・英語のマルチリンガル教育ではもう一つの教授法としてコミュニカティブ・アプローチを採用している。ただし、従来のコミュニカティブ・アプローチ[6]をそのまま採用するのではなく、以下のような項目とのブレンド方式[7]を取っている。

第一に、大きい声で復唱させることである。音読と黙読の違いをfMRIで撮影し脳細胞活性を比較してみた結果、音読は黙読の場合と異なり、言語と情報処理の領域である上部側頭葉と上位認知

---

6 従来のコミュニカティブ・アプローチの概観はユン・カング(윤장구, 2011)を参照されたい。
7 下記の第一と第二の項目はKBS(2011)においても類似した指摘がなされている。

に関わる下部前頭葉が活発に動いたという研究結果もある(週刊朝鮮 2013/04/29))。

第二に、日・英両言語を反復学習させることである。Kandel (2001)によると、成人の長期記憶には強い刺激、または反復的な刺激のみが残る。また、KBS(2011)によると、脳が新しい言語を初めて学ぶとき、その言語の正確な音の値を聴かせることが重要であるが、特にその音が母語にはなく脳が認識できない場合はさらに重要になる。すなわち、私たちの脳が外国語の音素をよく認識できるように、リスニングやスピーキングなどを繰り返して練習する必要があるのである。

第三に、L2とL3への接触量を増やすことである。上述したように、成人学習者の脳にとって自分の肉声で大きな声を出し反復練習することは重要である。日・英マルチリンガル教育の場合、二つの外国語を同時に習得しなければならないという負担が大きいため、L2とL3への接触量を毎日均等に配分し練習する必要がある。

第四に、間違ってもいいので自信を持って話すようにという動機付け(motivation)を与えることである。Ushioda(2001)、Daskalovska et al.(2012)、カン・ウンヨン(강은영, 2019)など、ほとんどの先行研研では外国語の習得において動機付けは非常に重要な項目の一つであると指摘している。特に、カン・ウンヨン(강은영, 2019:213-214)は英語を専攻する上位学習者の脱動機付け(demotivation)を見てみた結果、中学の時は、文法中心の授業と大量の単語の暗記

の要求といった学習方法上の問題とテストの負担が脱動機付けの要因になるという。また、高校の時は、大量の問題を解くことや単語の暗記といった画一的な学習方法が脱動機付けの要因になると指摘する。つまり、外国語学習において脱動機付けの主な要因は文法中心のテストであり、これが自信喪失、学習意欲の減退などにつながるようである。韓国の外国語教育、特に第一の外国語とされる英語教育の場合、中学-高校-大学においてさまざまな筆記試験に疲れ脱動機付けにつながった学習者が少なくないであろう。このことは韓国の外国語教育がいかに間違っているのかを如実に示してくれる事例であると考えられる。よって、本教育モデルでは外国語本来の目的であるコミュニケーションの楽しさに気づかせ、間違ってもいいので自信を持って話すようにという動機付けを与えている。例えば、誤用の有無に関わらず、発信すれば加算点を付与する。

　第五に、円滑なコミュニケーションのため、及び自分の脳が認知しやすくするために、正しい発音を身につけさせることである。特に、L2とL3において母語のL1には存在しない発音、例えば、L2の特殊音節・特殊拍、L3のアクセント、[z/v/ θ/f/r]などの発音を集中的に反復練習させることである。

## 3.6. マルチリンガル学習時における注意点

　第一に、韓国人の成人学習者にとって日本語・英語のマルチリ

ンガル学習の際にL1(韓国語)が最も重要である。その次はL2(日本語)、そして三番目がL3(英語)である。普通、韓国では英語が第1外国語であるが、本教育モデルでは日本語が第1外国語、そして英語が第2外国語になる。

　マルチリンガル学習時、少なくとも第1外国語のレベルをまず中級以上にする必要もある。つまり、初級レベルの2つの外国語でマルチリンガル学習をすると、かえって効率性が落ちる可能性がある。「私は日本語と英語を始めたばかりです」という学習者にマルチリンガル教授法で教えたり、そのような学習者がマルチリンガル学習をする場合、生産性と効率性が低下するのは事実である。また、本書が目指す日本語・英語のマルチリンガル教授法はL2の日本語でL3の英語を教えるという点に留意されたい。

**II**

# マルチリンガル教育の実践編

# Chapter 4

# 日・英マルチリンガル教育の実践:
# 「自己紹介」編

学習目標

1. 初対面の相手に日本語と英語で自己紹介ができる。
2. 出身を尋ねることができ、感謝の言葉に対する対応ができる。
3. 英語で否定を含意した表現と、これに対応する日本語の表現が
   駆使できる。

● Intro(イントロ) 🔊

> S : Do you mind if I set here. (ここに座ってもいいですか。)
>
> Y : はい、どうぞ。(No, no, not at all.)
>
> S : Where in Korea are you from? (韓国のどこから来ましたか。)
>
> Y : 全州から来ました。(I'm from Jeonju.)

本節の主な学習目標は「Can-do self-introduction(初めて会った相手に日本語と英語で自己紹介できる)」である。本節からが「日・英マルチリンガル教育実践編」になるため、簡単ではあるが実践編における学習ユニットの紹介をしておく。学習ユニットの順序は次の通りである。

[学習ユニットの構成]
Intro(イントロ) → Key Expressions(主要文型) → Key Words (キーワード) → Dialogue(ダイアログ) → Dialogue Analysis(ダイアログ分析) → Grammar Point(文法のポイント) → Dear Diary (ディアーダイアリー) → Dear Diary Analysis(ディアー・ダイアリーの分析) → Vocabularies(語彙) → Pronunciation Clinic(発音クリニック) → Writing Exercises(作文の練習) → Quiz(クイズ)

また、「Intro(イントロ)、Key Expressions(主要文型)、Dialogue (ダイアログ)、Dear Diary(ディアーダイアリー)、Vocabularies(語

彙)、Pronunciation Clinic(発音クリニック)」のセッションにおいて
は日本語と英語のネイティブスピーカーによる音声サービスをそれ
ぞれ提供する。このような学習ユニットの構成は言語の4機能であ
るスピーキング(speaking)・リスニング(listening)・リーディング
(reading)・ライティング(writing)の伸長を図ったものである。

「Dialogue(ダイアログ)」と「Dear Diary(ディアーダイアリー)」にお
けるストーリーはソミンという韓国の大学の女子大生がオーストラリ
ア・シドニーの大学に交換留学に行った内容を基にしている。シド
ニーの大学では幼い頃、日本からオーストラリアに移民したユウト
という男子学生とクラスメイトになる。ソミンがシドニーという慣れな
い環境で繰り広げるエピソードを「Can-Do Statements」方式で提
示している。

「Pronunciation Clinic(発音クリニック)」では、主に韓国語には
存在しない発音を中心に学習する。

## 4.1. Key Expressions(主要文型) ◀

---

- Do you mind if S+V?
  : ~てもいいですか [許可]
- Where in (country name) are you from?
  : (国名)どこから来ましたか
- No worries
  : 大丈夫ですよ

---

## 4.2. Key Words(キーワード) ◀

---

- lecture: 講義
- theatre: 階段教室(講堂)
- not at all: 全然大丈夫です
- phew. that's good: ああ、よかった
- mind[1]: (人が)いやだと思う。気にする
- would love to + 動詞の原形[2]: ~動詞+たい
- by the way: それはそうと、ところで、ちなみに

---

1) 「mind」は「(人が)嫌だと思う・気にする」の意味であるが、否定の意味合いを含意している。学習者はこの「mind」の使い方に注意を払うべきである。

2) 「would love to + 動詞の原形」の代わりに「would like to + 動詞の原形」が使われる。「want to + 動詞の原形」より丁寧な表現である。

## 4.3. Dialogue(ダイアログ) ◀

■ 会話の背景

　今日はソミンのオーストラリアのA大学への最初の登校の日である。講義室でユウト君と初めて出会い、互いに自己紹介をしている。

62

■ In the lecture theatre: 講義室で

Somin : Excuse me, is this the lecture room 5?

ソミン : すみません。ここが5講義室ですか。

Yuto : Yes it is.

コウト : はい。そうです。

Somin : Phew. That's good. I thought I was in the wrong room!
　　　　Do you mind if I sit here?(Sits next to Yuto)

ソミン : ああ、よかった。間違えたかと思いました。ここに座っても
　　　　いいですか。(ユウトの隣に座る)

Yuto : No, no, not at all. Hi, my name is Yuto. What is your name?

ユウト : はい、どうぞ。はじめまして。私はユウトです。お名前は。

Somin : My name is Somin. I'm here as an exchange student.
　　　　Today is my first day.

ソミン : 私はソミンです。交換学生です。今日が初日なんです。

Yuto : Wow, nice to meet you Somin. Where are you from?

ユウト : わあ、会えてうれしいです。どこから来ましたか。

Somin : I'm from Korea. Nice to meet you too Yuto.

ソミン：韓国から来ました。私も会えてうれしいです。


Yuto : Where in Korea are you from?

ユウト：韓国のどこから来ましたか。


Somin : I'm from Jeonju.

ソミン：全州から来ました。


Yuto : Nice! One day, I would love to visit Korea.

ユウト：わあ、私もいつか韓国に行ってみたいです。


Somin : By the way, can you tell me what I need to bring for this lecture?

ソミン：それはそうと、授業に何を持ってくればいいか教えてもらえませんか。


Yuto : Yes, you need to bring a textbook. I will show you where the bookshop is after this lecture.

ユウト：ああ。教科書が必要です。授業が終わったら、本屋がどこにあるか{教えます/案内します}よ。


Somin : Thank you.

ソミン：ありがとうございます。

Yuto : No worries.(smiles)

ユウト:いえいえ。(笑いながら)

## 4.4. Dialogue Analysis(ダイアログ分析)

---

**a. "Is this the lecture room 5?"**

「be動詞」が入っている時、疑問文は「be動詞(Is)+主語(this)~」のように作る。

例) Are you from Canada? 「カナダから来ましたか。」

---

**b. "That's good. I thought I was in the wrong room!"**

( i ) 「thought」の後ろには接続詞「that」が省略されており、名詞節を導く。よって、接続詞「that」の後ろには主語と動詞が現れる。

(ii) 主節の動詞「think」と従属節の動詞「am」は、時制一致のため、それぞれ過去形で用いられるべきである。

\*think-thought-thought

### c. "Do you <u>mind</u> if I sit here?"

「mind」が意味的に否定を含意していることを思い出してもらいたい。「mind」は直訳すると「〜たら差し支えますか」、意訳すると「〜てもいいですか」のような「許可」を示す。

\* 「直訳 vs. 意訳」

翻訳には、「直訳」と「意訳」がある。直訳は元の言語を一対一で置き換えたような翻訳である。これに対し、意訳は原文に縛られず文を作るような訳し方であり、より自然で読みやすい文になる。本書では文構造や意味によって直訳と意訳を混ぜて示すことにする。

### d. "No, no, <u>not at all</u>." 「はい、どうぞ(≒全然大丈夫です)」

「no, not at all」を日本語で意訳すると「はい、どうぞ」になる。英語において「no」が先に来る理由はcで指摘したように「mind」が否定を含意しているため否定表現が来るべきであるからである。この時、「Yes, I do」のように答えると、自分は「差し支える」のような否定的な意味になることに注意してもらいたい。

e. "I'm here <u>as an</u> exchange student."

( i ) 「as」は「~として」の意味を持つ。

例) as a doctor「医者として」

(ii) 不定冠詞「a/an」は「(ある)一つの」という意味で、数えられる名詞の単数形の前につく。

f. "Where in Korea are you from?"

( i ) where+in+国名＋are you from「国名の＋どこから＋来ましたか」

(ii) where are you from? = where do you come from?

I'm from Korea = I come from Korea

g. "<u>One day</u>, I <u>would love to</u> visit Korea."

( i ) one day「(未来の)いつか」

(ii) would love to「~たい」(≒would like to)

例) I would love to go.「ぜひ行きたい。」

h. "Can you tell me what I need to bring for this
　lecture?"

（ⅰ） can you tell me＋疑問詞＋主語＋動詞　「~教えてもら
　　　　　　　　　　　　　　間接疑問文
　　いませんか」

（ⅱ）　need to＋動詞の原形　「~する必要がある」

## 4.5. Grammar Point(文法のポイント)

■ Do you mind if S＋V？

　「~てもいいですか」　→　許可を求める場合

(1)　a. Do you mind if I drink this milk?

　　　　「この牛乳を飲んでもいいですか。」

　　b. Do you mind if I take this book?

　　　　「この本を持って行ってもいいですか。」

　　c. Do you mind if I borrow your pen?

　　　　「ボールペンを借りてもいいですか。」

- **Where in (country name) are you from?**
「(国名)のどこから来ましたか。」

(2)  a. Where in Japan are you from?

「日本のどこから来ましたか。」

b. Where in China are you from?

「中国のどこから来ましたか。」

c. Where in Australia are you from?

「オーストラリアのどこから来ましたか。」

- **No worries 「大丈夫です」**

・類義表現

(3)  a. My pleasure.

「お役に立てて、私もうれしいです。」

b. You are welcome.

「どういたしまして。」

c. My absolute pleasure.

「お役に立てて、本当にうれしいです。」

d. No problem.

「大丈夫です。」

## 4.6. Dear Diary(ディアー・ダイアリー) 🔊

■ 本節はソミンが一日の出来事を中心に英語と日本語で日記を書いた
ものである。

Today was my first day as an exchange student.
今日は、交換学生としての初日だった。

I thought I went into the wrong lecture room but luckily it was
the right room.
講義室を間違えたかと思ったけど、幸いにちゃんと見つけられた。

I met a new friend named Yuto.
「ユウト」という新しい友達に出会った。

He was a kind person.
優しい子だった。

Yuto said he would love to visit Korea one day.
コウトは、一度韓国を訪れたいそうだ。

I would love to show him around one day.
いつか案内してあげたい。

70

He took me to a bookshop after the lecture and I bought the textbook he was talking about.

授業が終わってから本屋に連れて行ってくれた。そして、私は彼が言ってた教科書を買った。

The bookshop was big.

本屋は大きかった。

I'm going there again tomorrow to buy some more books.

明日、本をあと何冊か買いに、本屋にもう一度行こうと思う。

I learned something new today.

今日、新しいことをひとつ学んだ。

When I said "thank you", Yuto said "No worries".

私が「Thank you」と言った時、ユウトが「No worries」と答えた。

"No worries" is an Australian expression that is equivalent to "No problem" or "You are welcome".

「No worries(大丈夫)」はオーストラリア式の表現で「No problem(大丈夫)」もしくは「You are welcome(どういたしまして)」という意味だ。

## ● Vocabularies(語彙)

- luckily: (副)幸運にも、好都合にも

- Australian expression: オーストラリア式の表現

- equivalent: (形)同等の、~に対応(相当)する

## 4.7. Dear Diary Analysis(ディアー・ダイアリーの分析)

---

**a. "luckily it was the right room."**

直訳: 幸いにそれは、正しい部屋だった。

意訳: 幸いにちゃんと見つけられた。

---

**b. "I met a new friend named Yuto."**

「a new friend (who was) named Yuto」のように先行詞の「a new friend」の後ろには「関係代名詞(who)＋be動詞(was)」が省略されている。

### c. "I bought the textbook he was talking about."

「the textbook (which/that) he was talking about」のように先行詞の「the textbook」の後ろには関係代名詞「which」または「that」が省略されている。また、目的格の関係代名詞が使われる場合は、上記のように関係代名詞はよく省略される。

例) The man (whom) I met on the street works at a bank.

### d. "I'm going there again tomorrow to buy some more books."

( i ) I'm going「〜する予定だ」の意味を持ち、確実な未来(近い未来)を表す場合に使われる。

cf) 現在進行形の「〜ている」

( ii ) to buy「買いに」の意味を持ち、「目的」を表す。「to+動詞の原形」の形式を取る。(→「to不定詞」)

e. "I learned <u>something new</u> today."

something new「新しいこと」のように解釈する。解釈による語順は日英両言語において間逆である。英語では「-thing」で終わる場合、形容詞は前ではなく、後ろにつく。

例) something good and something bad.

　　「良いものと悪いもの。」

f. "an Australian expression that is equivalent to "No problem."

(ⅰ) 直訳:「No　problem(大丈夫)」に当たるオーストラリア式の表現。「that」は関係代名詞(主格)であり、先行詞は「an Australian expression」である。

(ⅱ) A is equivalent to B「AはBと同価値である」、「AはBに相当する」

## 4.8. Pronunciation Clinic(発音クリニック)

■ /r/ vs. /l/

(1) room[ruːm]

/r/: 舌を思いっきり後ろに引いて出す音

(例) red, rain

(2) lecture[ˈlektʃə(r)]

/l/: 舌を上の歯茎に押し当てて出す音

(例) look, lion

## 4.9. Writing Exercises(作文の練習)

(1) ここに座ってもいいですか。

→ _____

(2) 授業に何を持ってくればいいか教えてもらえませんか。

→ _____

(3) 本屋がどこにあるか{教えます/案内します}よ。

→ _____

## 4.10. Quiz(クイズ)

**1.** '보기'의 일본어 문장에 대응되는 영어 문장 중 가장 알맞은 것을 고르시오.

> [보기] アメリカのどこから来ましたか。

 ① Where in America are you come from?

 ② Where at America are you from?

 ③ Where in America are you from?

 ④ Where in America do you from?

**2.** '보기'의 일본어 문장에 대응되는 영어 문장을 알맞게 배열한 것을 고르시오.

> [보기] これを食べてもいいですか。

| 가. if | 나. I | 다. mind | 라. do |
|--------|-------|----------|--------|
| 마. you | 바. this | 사. eat | |

 ① 라-마-사-바-가-나-다

 ② 라-마-다-가-나-사-바

 ③ 라-나-다-가-마-사-바

 ④ 라-나-사-바-가-나-다

# Chapter 5
# 日・英マルチリンガル教育の実践：
## 「挨拶編」

## 学習目標

1. 登校の時、友達に会って交わす挨拶表現が駆使できる。
2. 未来形の「be going to(〜する予定だ)」の概念を理解し、適切に駆使できる。
3. 「to」のニタイプについて理解し、これらが適切に使い分けられる。

● Intro(イントロ) ◀€

---

Y : How are you today? (元気?)

S : Good thank you Yuto.(うん。元気だよ。)

Y : The weather forecast says it's going to get really cold in the afternoon.

(天気予報で、寒くなるって言ってたから。)

S : You know what Yuto. it feels funny because I'm used to wearing short sleeves in August.

(ねえ、ユウト。私、8月には半袖しか着ないのが当たり前だったから、なんか変な感じ。)

---

本節の主な学習目標は「Can-do greeting(登校の時、友達に会って交わす挨拶表現が駆使できる)」である。副題は「Not too bad, thanks(まあ元気かな)」である。

## 5.1. Key Expressions(主要文型) ◀€

---

－ How are you?[1]

: 元気?/調子はどう?[2]

－ Not too bad, thanks.

: まあ元気かな。

---

- be used to[3]+ 動詞~ing

  : 動詞に慣れている。

- be going to + 動詞の原形[4]

  : 動詞する予定である。

1) 厳密には「How are you?」に相当する日本語の表現は存在しない

2) 「元気?」: よく会う友達には使わない、久々に会った友達に使う

   「調子はどう?」: 体の調子がよくない相手、または大事な行事などを目の前にした相手に使う

3) 前置詞としてのto: to+動詞~ing/名詞

   例) John went to Japan.

   cf) to不定詞: to+動詞の原形　例) I love to study Japanese.

4) 未来形を表す「be going to」vs.「will」

   「be going to」: すでに決まっていたこと

   「will」: 瞬間的にその場で決めたこと

## 5.2. Key Words(キーワード)

- keep oneself warm:(自分を)暖かくしておく

- you know what: ねえ

- weather forecast: 天気予報

- thankfully: 幸いにも

- short sleeves: 半袖

- construction: 建設

- get freezing cold: すごく寒くなる

- incredible: すごい

- sound like A: A みたい

- planet: 星

## 5.3. Dialogue(ダイアログ) 🔊

### ■ 会話の背景

ソミンとユウトは、韓国と正反対のオーストラリアの季節について話をしている。

### ■ On campus: 学校で

Yuto : Good morning Somin! How are you today?
ユウト：おはよう、ソミン。元気?

Somin : Good thank you Yuto. how are you?
ソミン：うん。元気だよ。ユウトは?

Yuto : Not too bad thanks. I'm trying to keep myself warm so I don't catch cold. The weather forecast says it's going to get really cold in the afternoon but thankfully no rain.

ユウト : まあ元気かな。風邪引かないように暖かくしとこうと思って。天気予報で、寒くなるって言ってたから。でも、雨は降らないそうだから、よかったよ。

Somin : You know what Yuto, it feels funny because I'm used to wearing short sleeves in August. Back in Korea, the season is Summer not Winter.

ソミン : ねえ、ユウト。私、8月には半袖しか着ないのが当たり前だったから、なんか変な感じ。韓国は今、夏で冬じゃないんだもん。

Yuto : That's very interesting. I can't imagine a hot August because July and August are the coldest months here.

ユウト : へえ、おもしろいね。暑い8月なんて想像もできないよ。ここは、7月8月が一番寒いからね。

Somin : Does that mean I will see the snow?

ソミン : じゃあ、雪が見られるの?

Yuto : No, it does get freezing cold but it never snows here. Our

81

Summer starts around December so that's when we will be wearing short sleeves. On a Christmas day we go to the beach and have a BBQ. I can't wait until Summer comes.

ユウト：いや、すごく寒くはなるけど、雪はまず降らない(降ったことない)よ。ここは夏が12月頃に始まるから、その頃から半袖を着るんだ。クリスマスには海でバーベキューだよ。ああ、早く夏が来ればいいのに。

Somin : What? you go to the beach and have BBQ on a Christmas day? That is incredible! Sounds like a different planet!

ソミン：え?クリスマスは海に行ってバーベキュー?すごい！なんか、どこか違う星の話みたい。

## 5.4. Dialogue Analysis(ダイアログ分析)

a. "I'm trying to keep myself warm so I don't catch cold."

( i ) 主語＋be動詞＋trying to＋動詞の原形　「~しようとしている」

(ii) keep＋目的語(名詞)＋形容詞　「を・・・のままにする」

b. "**It feels funny** because I'**m used to wearing** short sleeves."

(ⅰ) it feels funny 「なんか変な感じ」 feel＋形容詞

(ⅱ) I'm used to wearing short sleeves 「be used to＋動詞~ing」

直訳: 半袖を着ることに慣れているから。

意訳: 半袖しか着ないのが当たり前だったから。

c. "it **does** **get freezing cold**."「すごく寒くなる」

(ⅰ) 強調の助動詞「do」: 強調したい動詞の前に「do」を置く。「すごく」

(ⅱ) get freezing cold「すごく(凍るほど)寒くなる」

d. "that's when we <u>will be wearing</u> short sleeves."

(ⅰ) that's＋when＋主語＋動詞「それが~のときだ」

例) That's when I realized it.「そのときに気づいたんです。」

(ⅱ) will be＋動詞~ing: 未来進行形。特定の日時に何が起こっているかを予想する場合に使われる。詳細は10.7節を参照。

例) I guess it will be raining this afternoon.

「今日の午後には雨が降っているんじゃないかな。」

cf) will be＋動詞~ing vs. will → 確実性が高いか低いか
高い　　　　低い

e. "I can't wait until summer comes."

(ⅰ) 直訳: 夏の来ることが待ちきれない。

意訳: ああ、早く夏が来ればいいのに。

(ⅱ) I can't wait until 主語＋動詞

「待ちきれない、待ってられない、~が楽しみだ」

f. "That's <u>incredible</u>. <u>Sounds like</u> a different planet!"

(ⅰ) incredible「(形容詞)すごい」

(ⅱ) sound like＋A「Aみたいだ」

## 5.5. Grammar Point(文法のポイント)

- **How are you?**

「元気?/調子はどう?」

(1) a. I'm good thank you. How are you?

「元気だよ。(名前)はどう?」

*「君/あなたはどう?」は不自然な表現である

b. I'm fine thank you. How about yourself?

「元気だよ。最近どう?」

c. Very well thank you.

「すごく元気だよ。」

d. Not too bad thanks.

「まあ元気かな。」

- **be used to +動詞〜ing**

「動詞に慣れている。」

(2) a. I am used to eating Japanese *Natto*.

「私は日本の納豆を食べるのに慣れている。」

b. John is used to driving a car.

「ジョンは車の運転に慣れている。」

c. She is used to being called by her nickname.

「彼女はニックネームで呼ばれるのに慣れている。」

85

## ■ be going to ＋ 動詞の原形

「~する予定である。」

(3) a. Mary is going to be a Japanese teacher.

「メアリーは日本語の教師になる予定である。」

b. He is going to go to Taiwan.

「彼は台湾に行く予定である。」

c. I am going to study English tomorrow.

「私は明日英語を勉強する予定である。」

cf) He will go to Taiwan.(不確実な未来)

He is going to go to Taiwan.(確実な未来)

## 5.6. Dear Diary(ディアー・ダイアリー) ◀

Today was freezing cold.

今日はとても寒かった。

Lucky I brought some jackets from Korea.

韓国からジャケットを何着か持ってきておいてよかった。

It feels funny to have winter in August.

8月から冬だなんて、なんだか変な感じ。

Mum wrote in the email that it's scorching hot in Korea now.
今韓国は、蒸し暑いってお母さんのメールに書いてあった。

It's interesting how Australia has opposite seasons to Korea.
オーストラリアと韓国は天気が反対なのがおもしろい。

Yuto said he will invite me to his family Christmas party in December.
ユウトが12月に家族とのクリスマスパーティーに招待してくれるって言ってた。

His family always goes to the beach and they have a BBQ.
ユウトの家族はいつも海に行ってバーベキューをするらしい。

They have watermelon for dessert.
デザートにスイカを食べるって。

Yuto told me one interesting thing.
ユトウがおもしろい話をしてくれた。

He says Australian Santa Claus comes on a surfboard with a t-shirt and shorts on.
オーストラリアのサンタクロースは、サーフボードに乗って、Tシャツに半ズボンで来るらしい。

87

Definitely Australia is an interesting country.

オーストラリアって本当におもしろい国だな。

● Vocabularies(語彙)

− feel funny: 変に感じられる

− scorching: 焼け付くような

− opposite: 正反対の

− surfboard: サーフボード

− T-shirt and shorts: Tシャツに半ズボン

− definitely: 明確に、はっきりと

## 5.7. Dear Diary Analysis(ディアー・ダイアリーの分析)

a. "<u>Lucky</u> I bought some jackets from Korea."

Lucky＋(that)＋主語＋動詞 「〜てよかった」

cf) It was lucky that John was there to help me.

「ジョンがそこにいて手伝ってくれ{たのは運が/て}よかった。」

> b. **"He says** Australian Santa Claus comes on a
> surfboard."
>
> He says＋(that)＋主語＋動詞「(意訳)~らしい」
> →「オーストラリアのサンタクロースはサーフボードに乗って来
> るらしい。」

## 5.8. Pronunciation Clinic(発音クリニック)

- /ʃ/ vs. /s/

(1) fish[fɪʃ]

/ʃ/: 日本語の「シ」よりも唇を丸め、舌先を歯茎の奥に近づけ
て発音

(例) push, station

(2) yes[jes]

/s/: 歯を合わせて、隙間から息を素早く出して発音

(例) school, boss

## 5.9. Writing Exercises(作文の練習)

(1) 8月には半袖しか着ないのが当たり前だったから。

→ _____

(2) すごく寒くはなるけど、雪はまず降らない(降ったことない)よ。

→ _____

(3) どこか違う星の話みたい。

→ _____

## 5.10. Quiz(クイズ)

**1.** '보기'의 일본어 문장에 대응되는 영어 문장 중 가장 알맞은 것을 고르시오.

[보기] 私は日本の納豆を食べるのに慣れている。

① I'm used to eating Japanese *Natto*.

② I used to eat Japanese *Natto*.

③ I'm used to eat Japanese *Natto*.

④ I'm use to eating Japanese *Natto*.

**2.** '보기'의 일본어 문장에 대응되는 영어 문장을 알맞게 배열
한 것을 고르시오.

[보기] メアリーは日本語の教師になる予定である。

| 가. going | 나. is | 다. Mary |
|---|---|---|
| 라. a Japanese teacher | 마. be | 바. to |

① 라-마-가-바-나-다
② 라-나-가-바-마-다
③ 다-마-가-바-나-라
④ 다-나-가-바-마-라

## Chapter 6

# 日・英マルチリンガル教育の実践：
## 「カフェテリア」編

---

### 学習目標

1. 学生食堂で食べ物や飲み物などの注文ができる。
2. 店員との会話などカフェテリアで用いられるさまざまな表現が駆使できる。

### ● Intro(イントロ) 🔈

> Y : What are you getting Somin?(ソミンは何にする?)
>
> S : I'm going to get a chicken burger.
>
>   (私はチキンバーガーにする。)
>
> Y : I feel like eating something warm today.
>
>   (今日は何か温かいもの食べたいんだ。)
>
> S : OK then, see you back here.
>
>   (分かった。じゃあ、またあとでここで会おうね。)

本節の主な学習目標は「Can-do Cafeteria(カフェテリアで食べ物や飲み物の注文ができる)」である。副題は、「What would you like to have?(何になさいますか)」である。

## 6.1. Key Expressions(主要文型) 🔈

> − Q. What are you getting?[1]
>
>   : (名前)は何にする?[2]
>
>   A. I'm getting B.
>
>   : 私はBにする。
>
> − I feel like eating[3] something adj[4] today.
>
>   : 今日は何か＋形容詞＋物＋食べたいな(~の気分だな)。

94

> − What would you like to have?
>
> : 何になさいますか?

1) be動詞＋動詞~ing　未来進行形(このときは、確実な(近い)未来を表す場合) → 詳細は10.7節を見ること
2) 直訳: あなたは何にする?(→不自然な表現)

   意訳: (名前)は何にする?(→自然な表現)
3) feel like＋動詞~ing「~したい気がする」

   例) I feel like singing.「歌いたい気がする。」
4) something＋形容詞　普段は形容詞が名詞の前に来る

   例) a cute(形容詞) girl(名詞)「かわいい少女」

   cf) something(名詞) delicious(形容詞)「何かおいしいもの」

## 6.2. Key Words(キーワード)

> − starving[1]: おなか(が)すいた
> − a dumpling noodle soup: 餃子スープ
> − feel like v~ing: ~動詞+たい
> − medium: Mサイズの
> − certainly: かしこまりました
> − upgrade to a large[2]: Lサイズにする

> ― change: お釣り
>
> ― enjoy one's meal: ごゆっくりどうぞ[3]

1) starve(動詞)＋ing = starving(形容詞)
2) upgrade to a large: 「(直訳)Lサイズにアップグレードする」　日本語における「アップグレード」は飛行機やホテルなど高価なものの場合に使われる。よって、本書の場合は「(意訳)Lサイズにする」のほうが適切である。
3) enjoy your meal: 「(直訳)あなたの食事を楽しんでて」
   「(意訳)ごゆっくりどうぞ」

## 6.3. Dialogue(ダイアログ) ◀

### ■ 会話の背景
　ソミンとユウトは学生食堂(学食)で注文をするため、店員などと会話をしている。

### ■ At the cafetera: カフェテリア(学食)で

Yuto : Mmm smells nice. I'm starving! What are you getting Somin?
コウト : ああ、いいにおい。おなかすいた！ソミンは何にする?

Somin : I'm going to get a chicken burger. I tried the beef burger last time and it was delicious. I want to try something different this time. What are you getting Yuto?

ソミン：私はチキンバーガーにする。この前、ビーフバーガー食べてみたんだけど、おいしかったんだ。でも、今日は何か違うもの食べてみたいな。ユウトは何にするの?

Yuto : Well, I'm going to get a dumpling noodle soup. I feel like eating something warm today.

コウト：ぼくは餃子スープにしようと思って。今日は何か温かいもの食べたいんだ。

Somin : Ok then, see you back here.

ソミン：分かった。じゃあ、またあとでここで会おうね。

Yuto : Yep, see you soon.

コウト：うん。じゃ、あとでね。

Cafeteria staff : Hello, what would you like to have?

店員：いらっしゃいませ。何になさいますか。

Somin : Yes, can I please have one medium chicken burger meal?

ソミン：えっと、チキンバーガーセットのMサイズ一つください。

Cafeteria staff : Certainly. The meal comes with either chips or salad. What would you like to have?

店員 : かしこまりました。セットはポテトかサラダが付きますが、どちらになさいますか。

Somin : I would like to have it with chips please.

ソミン : じゃあ、ポテトで(お願いします)。

Cafeteria staff : Sure, what drink would you like? We have coke, lemonade and fanta.

店員 : かしこまりました。お飲み物は何になさいますか。コーラ、サイダー、それからファンタがございますが。

Somin : I would like to have coke please.

ソミン : じゃあ、コーラで(お願いします)。

Cafeteria staff : Would you like to upgrade to a large? You only need to pay $2 extra and can get large chips with a large coke.

店員 : Lサイズになさいますか。2ドル追加でポテトもコーラもLサイズでお召し上がりいただけますが。

Somin : Oh ok, yes, I would like to upgrade to large. Could I also have ketchup for the chips please?

ソミン：あ、じゃあそうします。Lにしてください。ポテトにつけるケチャップ
　　　　もお願いします。

Cafeteria staff : Ok, certainly! It comes to $12.50 altogether.

店員：はい、かしこまりました。お会計、12ドル50セントでございま
　　　す。

Somin : Here you go.

ソミン：はい。

Cafeteria staff : Thank you. Here is your change and your order.
　　　　　　　　Enjoy your meal.

店員：では、(いくら)お預かりします。こちら、お釣りとご注文のセット
　　　でございます。ごゆっくりどうぞ。

Somin : Thank you !

ソミン：はい。

## 6.4. Dialogue Analysis(ダイアログ分析)

---

**a. "smells nice. what are you getting?"**

( ⅰ ) smells nice:(It)＋smell＋形容詞「いいにおい(がする)」

( ⅱ ) what are you getting?: be＋動詞~ing ≒ be＋going＋to

≒ what are you going to get?

---

**b. "Yep, see you soon."**

Yep: インフォーマルな使い方である。反対語は「Nope」

例) Q: Are you ready?

A: Yep/Nope.

---

**c. "Can I please have one medium chicken burger meal?"**

( ⅰ ) Can I please have ＋ A(名詞)? 「(注文時に)A(名詞)をください」

例) Can I please have a cappuccino?

「カプチーノをください。」

( ⅱ ) chicken burger meal 「チキンバーガセット」

mealは日本のファーストフード店の「セット」に相当する。

---

d. "The meal comes with either chips or salad."

either A or B:「AかB(二者択一の)」

例) You may take either the banana or the apple.

「そのバナナとリンゴのどちらを取ってよいですよ。」

cf) neither A nor B:「AもBもない」

This is neither an apple nor a pear.

「これはリンゴでもなしでもない。」

e. "What drink would you like? We have coke and fanta."

( i ) what drink would you like?: 丁寧な表現である。would like to＋動詞の原形、would like＋名詞。日本語に直す場合も丁寧な表現を使うべきである。「お飲み物は何になさいますか?」

(ii) have:「~がある」 所有の意味を表す場合に使われる。

101

f. "It comes to 12.50 dollars altogether."

It comes to＋値段: (意訳)「お会計、~ドル(円)になる」、また
　　　　　　　　　　は「~でございます」

例) It comes to 230 yen altogether. 「230円でございます。」

g. "Here you go." 「はい」(O)、「ここにあります」(X)

「here you go/here you are/here it is」などは英語でよく使われ
る表現であるが、この表現を日本語に直すときは「(直訳)ここに
あります」ではなく「(意訳)はい」が自然である。

h. "Thank you. Here is your change and your order."

この文を日本語に直すときは、意訳の「では、(いくら)お預かり
します。こちら、お釣りとご注文のセットでございます」のほうが
自然である。もしこの英文を日本語に直訳すると非常に不自
然な文になる。

> **i. Staff: Enjoy your meal.** 「ごゆっくりどうぞ。」
>
> **Somin: Thank you!** 「はい/どうも。」
>
> これらの英文を日本語に直すときは上述したように意訳をした
> ほうがより自然である。日本語における「店員と客」の会話とい
> う状況を考えると直訳より意訳のほうが望ましい。

## 6.5. Grammar Point(文法のポイント)

■ **What are you getting?**

　「(名前)は何にする?」

(1)　a. I'm getting sushi.

　　　「私は(お)すしにする。」

　　　* すしの前に「お」をつけると丁寧な表現になる。

　　b. I'm getting pasta.

　　　「私はパスタにする。」

　　c. I'm going to get noodles.

　　　「私はラーメンにしようかな。」

■ **I tried A last time and it was adj.**

　「この前、A(を)食べてみたけど、形容詞だった。」

103

(2) a. I tried beef steak last time and it was scrumptious!

「この前、ステーキ食べてみたけど、すごくおいしかった。」

＊（ⅰ）日本語では「ビーフ(beef)」は省略される

（ⅱ）「scrumptious」は「delicious」と類似な表現であり、

改まる必要のない場合に使う。

b. I tried mud crab last time and it was too salty.

「この前、カニ食べてみたけど、すごくしょっぱかった。」

c. I tried strawberry juice last time and it was refreshing.

「この前、イチゴのジュース飲んでみたんだけど、さっぱりし

てた。」

- **I feel like eating something adj today.**

「今日は何か形容詞＋もの食べたい(な)。/ ~の気分だ(な)。」

(3) a. I feel like eating something hot/spicy today.

「今日は何か辛いもの(が)食べたい(な)。」

b. I feel like eating something warm today.

「今日は何か温かいもの(が)食べたい(な)。」

c. I feel like eating something cold today.

「今日は何か冷たいもの(が)食べたい(な)。」

- **What would you like to have?**

「何になさいますか。(ご注文どうぞ)」

104

(4) a. Can I have one cheese pizza and a coke please?

「チーズピザとコーラください。」

b. Can I please have a beef burger without cheese?

「チーズ抜きのビーフバーガーをいただけますか。」

c. Could I get one medium fish burger meal please?

「フィッシュバーガーセットのMサイズを一つください。」

## 6.6. Dear Diary(ディアー・ダイアリー) ◀

Today I had a chicken burger for lunch and it was very tasty.

今日は昼ごはんにチキンバーガーを食べて、とてもおいしかった。

This time I ordered a large meal because you can get large chips with a large drink for only $2 extra.

2ドルだけ追加すれば、ポテトもコーラもLサイズで食べられるってことで、今回はそれにした。

It was good value for money.

(値段の割にけっこう／けっこうコスパが)よかった。

Australian people call "fries" as "chips" and I am still not used to that term.

オーストラリアの人はポテトのことをチップスって呼ぶけど、私はまだ馴染めない。

because the word reminds me of the dried crispy chips that I sometimes have for snack.

だって、この言葉を聞くと、時々食べるお菓子のパリパリしたポテトチップスが思い浮かぶから。

I tried a little bit of Yuto's dumpling soup and it was not bad.

ユウトの餃子スープを一口もらったけど、わりとおいしかった。

I might have dumpling soup for lunch tomorrow.

明日のお昼は餃子スープにしようかな。

I like it that I can try different food at the cafeteria.

学食でほかの料理を食べることができてよかった。

● Vocabularies(語彙)

- a chicken burger: チキンバーガー
- tasty: おいしい
- extra: 追加の
- term: 言葉
- remind: ~が思い浮かぶ、~を思い浮かべる
- crispy chips: パリパリ(と)したポテトチップス
- cafeteria: 学生食堂、学食

## 6.7. Dear Diary Analysis(ディアー・ダイアリーの分析)

a. "I <u>had</u> a chicken burger for lunch and it was very <u>tasty</u>."

( i ) I had a chicken burger「チキンバーガーを食べた」この ときの「have」は「食べる」の意味を持つ。

(ii)「tasty」は「おいしい」の意味を持つ。「tasty」の類義語に は「delicious/scrumptious」などがある。

b. "It was good value for money."
「けっこう<u>コスパ</u>がよかった。」

「コスパ」は和製英語であり、コスト・パーフォーマンス(cost performance)の略語である。韓国語では「가성비」に相当する。 例) コスパがよい(↔悪い)。

c. "people <u>call</u> fries <u>as</u> chips and I <u>am</u> stll not <u>used</u> <u>to</u> that term."

( i ) call A as B「AをBで呼ぶ」

(ii) be used to＋名詞「名詞に慣れている」

107

d. "the word <u>reminds</u> me <u>of</u> the dried crispy chips."

remind＋目的格＋of＋名詞　「人に~を思い起こさせる」

例) He reminds me of my father.

「彼をみていると父を思い出す。」

e. "I <u>might</u> have dumpling soup for lunch tomorrow."

might(助動詞)＋動詞の原形　「~するかもしれない」

例) It might rain tomorrow.「明日は雨が降るかもしれない。」

cf)「may」の過去形

f. "I like <u>it</u> that I can try different food."

仮(=形式)目的語: it

真目的語: that I can try different food

例) I think it possible that he passes the test.

「私は彼がそのテストに合格することは可能だと思う。」

cf) I found it dangerous to swim in this river.

「私はこの川で泳ぐことが危険だと気づいた。」

108

## 6.8. Pronunciation Clinic(発音クリニック) 🔊

### ▪ /z/ vs. /dʒ/

(1) lose[luːz]

/z/: /s/を、喉を震わせて発音。日本語よりしっかり発音する。

(例) zoo, lazy

(2) just[dʒʌst]

/dʒ/: 舌を歯茎付近につける。「ぢゃ/ぢゅ/ぢょ」に近い音。

(例) Japan, danger

## 6.9. Writing Exercises(作文の練習)

(1) この前、ビーフバーガー(を)食べてみたんだけど、おいしかったんだ。

→ _____

(2) 今日は何か温かいものが食べたいんだ。

→ _____

(3) Lサイズになさいますか。

→ _____

## 6.10. Quiz(クイズ)

**1.** '보기'의 일본어 문장에 대응되는 영어 문장 중 가장 알맞은 것을 고르시오.

> [보기] 今日は何か辛いものが食べたい。

① I feel like eating spicy something today.

② I feel to eat spicy something today.

③ I feel like eat something spicy today.

④ I feel like eating something spicy today.

**2.** '보기'의 일본어 문장에 대응되는 영어 문장을 알맞게 배열한 것을 고르시오.

> [보기] 何になさいますか。(意訳:ご注文どうぞ)

| 가. would | 나. what | 다. like | 라. to |
|-----------|----------|----------|--------|
| 마. you | 바. have | | |

① 나-가-마-다-라-바

② 나-마-다-라-가-바

③ 가-마-다-라-바-나

④ 가-마-다-나-라-바

# Chapter 7

# 日・英マルチリンガル教育の実践：
# 「アルバイト」編

---

### 学習目標

1. アルバイト探しと関連した表現が駆使できる。
2. 時給など給料と関連した表現が駆使できる。

● Intro(イントロ)

> S : Where do you work Melissa?
>
>   (メリッサ、どこで働いてるの?)
>
> M : I work as a shop assistant.(服屋で店員しているの。)
>
> S : How much do you get paid per hour?(時給はいくら?)
>
> M : I get paid 10 dollars per hour.
>
>   (時給は10ドルもらってる。)

本節の主な学習目標は「Can-do part time job(アルバイト探しと関連した表現が駆使できる)」である。副題は、「How much do you get paid per hour?(時給はいくら?)」である。

## 7.1. Key Expressions(主要文型)

> ─ Where do you work?
>
>   : どこで働いてるの?
>
> ─ I work at A.
>
>   : 私はAで働いてる。
>
> ─ How many hours do you work per week[1)]?
>
>   : 週に何時間働いているの?

112

– How much do you get paid[2]per hour?

　: 時給はいくら?

1) per week: 週に　*per: ~につき

2) get paid: 受動態(直訳)支払われる

## 7.2. Key Words(キーワード) ◀◌

– by 3pm: 3時までに[1]

– a shop assistant: 店員

– a clothing store: 服屋

– daily expenses: 生活費

– part time work: アルバイト、バイト

– be interested in A[2]: Aに興味がある

– available: 利用できる

– can be flexible: 調整できる

1) [英語] by vs. until ≒ [日本語] までに vs. まで

　[韓国語] 까지(→日英両言語と異なり、単一の形式しか存在し
　　ない)

　・「by」と「までに」は未来のある時点ですでに行為が終了してい
　　ることを表す。よって、期限や納期を表す場合に使われる。

113

例) I have to submit my homework by 2pm tomorrow.

「明日の午後3時までに宿題を提出しなければならない。」

・「until」と「まで」は肯定文において、継続の意味を表す動詞とともに使われる。よって、「until」を意味的に日本語に直すと「~までずっと」になる。

例) We stayed in the hotel until dawn.

「僕らは夜明けまでテントに留まった。」

2) be interested in A: Aに動詞が来る場合、「動詞＋ing」のような形式で使われる。

例) I'm interested in studying abroad.

「私は留学することに興味がある。」

## 7.3. Dialogue(ダイアログ) 🔊

### ■ 会話の背景

メリッサとユウトはアルバイトについて話をしている。

### ■ On the bench: ベンチで

Melissa : I have to leave soon because I have to be at work by 3pm.

メリッサ：私もう行かないと。3時までにバイト先だから。

114

Yuto : Where do you work Melissa?

ユウト : メリッサ、どこで働いてるの?

Melissa : I work as a shop assistant at a clothing store in the city. I've been working there for 6 months now.

メリッサ : 市内にある服屋で店員してるの。働き出してもう6か月になるよ。

Yuto : How many hours do you work per week?

ユウト : 1週間に何時間働いているの?

Melissa : I work 20 hours a week. It helps me pay for my daily expenses.

メリッサ : 週に20時間かな。生活費が稼げていいよ。

Yuto : That's great. How much do you get paid per hour?

ユウト : それはいいね。時給はいくら?

Melissa : I get paid 15 per hour on weekdays. On weekends I get paid 20 dollars per hour. What about you Yuto? Do you do part time work?

メリッサ : 平日は時給15ドルで、週末は20ドル。ユトウは?バイトしてる?

115

Yuto : Yeah, I work at a cafe on weekends. They pay me 22 dollars an hour. I work about 10 hours per week. What about you Somin? Would you be interested in taking part time jobs?

ユウト：うん。ぼくも週末、カフェでバイトしてるよ。時給は22ドル。週にだいたい10時間くらい働いてるかな。ソミンは?バイトしたい?

Somin : Yeah, actually I have been thinking about it.

ソミン：うん。実は最近考えてて。

Melissa : Actually, there is one position available at my uncle's café.

メリッサ：本当?実はね、今、うちの叔父のカフェでバイト募集しててさ。

Melissa : He was asking me if I know any friends who would be interested in working.

メリッサ：叔父に聞かれたんだ。友達にバイトしたがってる子はいないかって。

Melissa : Would you be interested? It's just taking orders from customers. Work hours can be flexible too.

メリッサ：ソミン、どう?オーダーとる仕事なんだけど、シフトも調整できるよ。

Somin : Really? Yes I am interested!

ソミン : 本当?興味ある！

## 7.4. Dialogue Analysis(ダイアログ分析)

a. "because I <u>have to</u> be at work <u>by</u> 3pm."

( i ) have to ≒ must「~しなければならない、~しないと」

(ii) by 3pm.「3時までに。」

b. "where do you <u>work</u> Melissa?"

「どこで<u>働いている</u>の?」

[英語]

work: 現在形(「習慣や日常のルーティン」を表す場合使われる)

[日本語]

働いている: アスペクト形式「ている」(「(時間幅を長くして)動作の進行」または、「動作の反復」)

例) I work for a bank.「銀行に勤めている。」

　　I have a part-time job in the evening.

　　「夜はバイトをしている。」

### c. "I've been working there for 6 months now."

have been working: 現在完了進行形(have been 動詞~ing)。
過去のある時点から現在まで「ずっと~している」という「継続」の
意味を表す。主に動作(「study, play, read, watch」など)を表
す動詞が使われる。

例) I have been watching TV for two hours.

　　「私は2時間ずっとテレビを見ている。」

cf) 現在完了(継続): have+p.p(過去分詞)。意味は上記の場
　　合とかなり類似している。しかし、主に状態(「know, like,
　　live, be」など)を表す動詞が使われる。

例) John has wanted a dog for a long time.

　　「ジョンは長い間ずっと犬を欲しがっています。」

### d. "It helps me pay for my daily expenses."

help+(人)目的格+動詞の原形: 目的格が~するのを手助けする

例) My neighbor helped me clean my room.

　　「隣に住んでいる人が部屋を掃除するのを手伝ってくれた。」

cf) help+(人)目的格+to+動詞の原形:意味は上記の場合と
　　類似しているが「to」がある場合は「過程」に気持ち(焦点)が
　　あり、「to」がない場合は「結果」に気持ち(焦点)がある。

　　My neighbor helped me to clean my room.

118

e. "**Do** you **do** part time work?" 「バイトしてる?」

文頭の「do」は疑問文を作る際に必要な助動詞としての「do」、後ろの「do」は「~する」の意味を持つ本動詞としての「do」である。

f. "They pay me 22 dollars an hour."

直訳: 彼ら(雇い側)は私に22ドルを払っている。

意訳: 時給は22ドル 。

g. "He was asking me **if** I know any friends **who** would be interested in working?"

(ⅰ) 二タイプの「if」: ①名詞節の「if(~かどうか)」、②副詞節の「if(もし~なら)」。gにおける「if」は①の名詞節の場合である。

(ⅱ) 関係代名詞「who」: 「人(先行詞)+who」の形で「その人が~」という説明を後ろから付け足す。

例) John has a sister who lives in Tokyo.

「ジョンには東京に住んでいる姉がいる。」

119

## 7.5. Grammar Point(文法のポイント)

### ▪ Where do you work?

「どこで働いてるの?」  *work:働いてる

(1)  a. I work at Pizza Hat.

「ピザハットで働いてる(んだ/よ)。」

b. I work at Dehan bank.

「テハン銀行で働いてる(んだ/よ)。」

c. I work at A café.

「Aカフェで働いてる(んだ/よ)。」

### ▪ How many hours do you work per week?

「週に何時間働いてるの?」

(2)  a. I work 15 hours per week.

「週に15時間働いてる。」

b. I work 10 hours on weekdays and 10 hours on weekends.

「平日に10時間、週末に10時間働いてる。」

c. I work 5 to 7 hours per week.

「1週間に5時間から7時間くらい働いてる。」

- How much do you get paid per hour?

「時給はいくら?」

(3) a. I get paid 10 dollars per hour.

「時給は10ドル(もらってる)。」

b. I get paid 20 dollars an hour.

「時給は20ドル(もらってる)。」

c. I make 15 dollars an hour.

「時給15ドル(稼いでる)。」

## 7.6. Dear Diary(ディアー・ダイアリー)

I have good news!
グッドニュース!

I will be working at Melissa's uncle's café from this Saturday!
今週の土曜日からメリッサの叔父さんのカフェでバイトすることに
なった。

I will be working 12 hours a week and will get paid 20 dollars
an hour.
週に12時間で、時給は20ドル。

This will help me with paying my phone bills and electricity bills.

バイト代でスマホ代と電気代払えそう。

I am very thankful to Melissa.

メリッサに本当に感謝。

Her uncle seemed like a nice person.

叔父さんもとてもいい人そうだった。

He said I will be on training for a month.

1か月、研修を受けることになるらしい。

I will be taking orders and making drinks.

オーダーをとってジュースを作る仕事。

Melissa's uncle will teach me how to make tea and fresh juice.

メリッサの叔父さんがお茶とフルーツジュースの作り方を教えてくれるって。

I am so happy that I have a part time job.

バイトが見つかって、ホントよかった。

- Vocabularies(語彙)
- will be 動詞~ing: 動詞~予定である
- phone bills: スマホ代、携帯代
- electricity bills: 電気代
- be thankful to＋A: Aに感謝する
- seem like A: Aのようにみえる

## 7.7. Dear Diary Analysis(ディアー・ダイアリーの分析)

a. "I have good new!"

I(主語)＋have(動詞)＋good news(目的語)

・意訳: グッドニュース。

・直訳: 私はグッドニュースを持っている。

→日本語と英語の文法の違い:日本語は主語が省略されても
　いいが、英語は主語が必ず現れなければならない。

b. "I will be working at Melissa's uncle's café from
　this Saturday!"

will be＋動詞~ing: 「~が予定されている」　未来を表す場合
に用いられる。

c. "This will <u>help me with paying</u> my phone bills."

help＋(人)目的格＋with＋動詞~ing:　目的格が~するのを手助けする

cf) ① help＋(人)目的格＋動詞の原形

②help＋(人)目的格＋to＋動詞の原形

d. "I <u>am</u> very <u>thankful to</u> Melissa."

be thankful to＋A:「Aに感謝する」

例) I'm thankful to you for your friendship.

　　「君の友情に感謝する。」

e. "Her uncle <u>seemed like</u> a nice person."

seem like＋A:「Aのように見える」

例) He seems like a really nice person.

　　「彼はとてもいい人みたいです。」

> **f.** "He said I will be on training for a month."
>
> 「一ヶ月、研修を受けることになるらしい。」
>
> 「~らしい」: 伝聞や推量に基づく婉曲な断定の意を表す。
>
> 「It is said that.../ People say.../ I hear」

## 7.8. Pronunciation Clinic(発音クリニック)

- /θ/ vs. /s/

(1) month[mʌn θ]

/θ/: -th-の綴りにだけ登場。舌を上の歯の先に軽くつけて発音

(例) mouth, bath

(2) yes[jes]

/s/: 歯を合わせて、隙間から息を素早く出して発音

(例) school, boss

## 7.9. Writing Exercises(作文の練習)

(1) 1週間に何時間働いてるの?

→ _____

(2) 時給はいくら?

    → _____

(3) シフトも調整できるよ。

    → _____

## 7.10. Quiz(クイズ)

**1.** '보기'의 일본어 문장에 대응되는 영어 문장 중 가장 알맞은 것을 고르시오.

[보기] 週に何時間働いてる?

   ① How much hours do you work per week?

   ② How many hours do you works per week?

   ③ How many hours do you work per week?

   ④ How many hours does you work per week?

**2.** '보기'의 일본어 문장에 대응되는 영어 문장을 알맞게 배열한 것을 고르시오.

[보기] 時給はいくら?

| 가. you | 나. get | 다. do | 라. per hour |
|---------|---------|--------|--------------|
| 마. much | 바. paid | 사. how | |

① 사-마-다-나-바-가-라

② 사-마-가-다-나-바-라

③ 사-마-나-바-다-가-라

④ 사-마-다-가-나-바-라

# Chapter 8

# 中間テスト

**1.** 다음 중 '멀티링구얼 교육'의 특징에 <u>해당되지 않는</u> 것은?

① 모국어와 외국어가 모두 교육 대상이다.

② 이머전 교육 등 외국어로 가르치는 교육이다.

③ 멀티링구얼 구사자가 되기까지 비교적 짧은 시간이 소요된다.

④ 언어가 두 가지 이상이 되므로 언어 간에 사회적 격차가 생길 수 있다.

**2.** 다음 중 건강한 다언어·다문화 사회 정착을 위해 <u>바람직하지 않은</u> 것은?

① 다문화 가정의 경우 한국어만 일방적으로 교육시킨다.

② 언어 및 문화의 다양성을 상호 존중한다.

③ 언어를 아는 만큼 기회가 많아진다는 사실을 인지하고 다언어 습득에 노력한다.

④ 다언어·다문화 교육은 가정 및 학교 등 사회 전반적인 공감대 형성이 필요하다.

**3. 다음 중 비서술적(절차)기억에 해당되는 것을 고르시오.**

① 독서를 통한 기억

② 친구와의 약속 시간에 관한 기억

③ 암기 학습을 통한 기억

④ 운동 등 몸으로 배우는 기억

**4. 성인의 효과적인 멀티링구얼 학습법 중 가장 적합하지 않은 것을 고르시오.**

① 큰 소리로 말하며 연습한다.

② 모국어보다 목표언어의 학습에만 주안점을 둔다.

③ 해당 외국어의 노출량을 늘려준다.

④ 끊임없이 반복하며 연습한다.

**5-6.** 보기 중에서 영어의 공란에 들어갈 적절한 것을 고르시오 (힌트: 일본어의 밑줄 친 부분에 대응되는 표현임).

**5.**

> [보기] **Today was my first day(　)an exchange student.**
>
> 今日は、交換学生としての初日だった。

① in

② of

③ on

④ as

**6.**

> [보기] **Ok, certainly! It(　)to $12.50 altogher.**
>
> お会計、12ドル50セントになります。

① has

② goes

③ comes

④ feels

**7-8.** 다음 중에서 틀린 부분을 찾으시오(힌트: 대응되는 각각의
일본어 표현을 참고할 것).

**7. I think I went into the wrong lecture room but luckily it was**
     ①    ②                           ③

**the right room.**
   ④

講義室を間違えて入ったかと思ったけど、幸いにちゃんと見つ
けられた。

**8. Melissa's uncle will teach to me how to make tea and fresh**
                         ①   ②   ③   ④

**juice.**

メリッサの叔父さんが私にお茶とフレッシュジュースの作り方を
教えてくれるそうだ。

**9-10.** 다음 영문의 공란에 각각 동일한 표현이 들어가야 한다. 그 표현의 원형을 일본어의 밑줄 친 부분을 참고하여 쓰시오.

**9. a. The weather forecast says it's going to (      ) really cold in the afternoon.**

天気予報によると、寒<u>くなる</u>って。

**b. I'm going to (      ) a chicken burger.**

私はチキンバーガー<u>にする</u>。

① do

② have

③ get

④ feel

**10. a. I (      ) show you where the bookshop is after this lecture.**

授業が終わったら、本屋がどこにあるか教え<u>る</u>よ。

**b. I (      ) be taking orders and making drinks.**

オーダーをとってジュースを作る仕事を<u>する</u>。

① will

② may

③ can

④ must

# Chapter 9

# 日・英マルチリンガル教育の実践：
## 「郵便局」編

---

1. 郵便局で郵便や小包などを送ることができる。
2. 郵便局で用いられるさまざまな表現が駆使できる。

● Intro(イントロ) ◁》

> Y : What is that you are carrying? (何持ってるの?)
>
> S : It's a parcel. I'm going to send it to my parents.
>
> 　　(ああ、小包。両親に送ろうと思って。)
>
> Y : I would like to send this parcel to Korea by registered mail.
>
> 　　(あの、この小包を韓国にEMSで送りたいんですが。)
>
> P : Sure, please fill in this form.
>
> 　　(では、こちらの用紙にご記入ください。)

本節の主な学習目標は「Can-do post office(郵便局で郵便や小包など送ることができる)」である。副題は、「here is your receipt (こちらレシートになります)」である。

## 9.1. Key Expressions(主要文型) ◁》

> − I'd like to send this by A.[1]
>
> 　　: Aで送りたいんですが。
>
> − What's the postage to Korea?[2]
>
> 　　: 韓国までいくらですか?
>
> − What's inside the parcel?
>
> 　　: 小包の中身は何でしょうか?

136

> ― How long will it take to get to A?
>
> : Aにはいつごろ着くでしょうか?

1) I'd like to＋動詞の原形＝「I would like to＋動詞の原形」。
「I want to＋動詞の原形」より丁寧な表現
2) postage:「郵便料金」例) This letter doesn't have sufficient postage.「この手紙は郵便料金が足りない。」

## 9.2. Key Words(キーワード) ◀◌

> ― parcel: 小包
> ― honey: ハチミツ
> ― That's very sweet of you: (名前)さん、優しいですね。
> ― post officer: 郵便局員
> ― registered mail: 書留
> ― fillin this form: この用紙に記入する
> ― weigh: 重さを量る
> ― in total: 全部で、合計
> ― fragile sticker: 取扱注意のシール
> ― receipt: レシート、領収書[1]

1) 日本語における「レシート vs. 領収書」
 ・「レシート」: レジのレジスターから出力、印字されたもの。

・「領収書」: レジで別に手書きで発行されたもの。

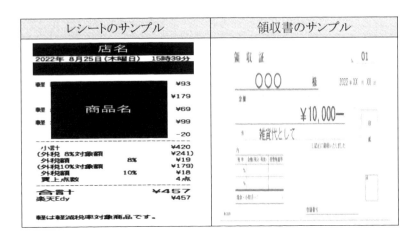

## 9.3. Dialogue(ダイアログ)

### ■ 会話の背景

ソミンは韓国の両親に好物のハチミツを送るために郵便局に向かっている。

郵便局で局員と郵便の件でやり取りをしている。

### ■ On campus: キャンパスで

Yuto : What is that you are carrying?

ユウト : 何持ってるの?

Somin : It's a parcel. I'm going to send it to my parents.

ソミン：ああ、小包。両親に送ろうと思って。


Yuto : Is it a gift?

ユウト：へえ、プレゼント？


Somin : Yes, it's honey. I wanted to send some honey as Australia

　　　　is famous for honey. Plus my parents love honey.

ソミン：うん。ハチミツなんだ。オーストラリアはハチミツ有名だから、

　　　　送ってあげたかったの。それに、両親ハチミツ大好きだしね。


Yuto : That's very sweet of you. I'm sure your parents will like

　　　　your gift.

ユウト：ソミンって本当(に)優しいね。ご両親きっと喜ばれるだろうね。


Somin : I hope so too. Anyway I will see you at the library. I will

　　　　come after I send the parcel.

ソミン：だといいんだけど。あ、じゃあ後で図書館で会おうよ。小包

　　　　送ってから私も行くね。


Yuto : Ok, see you soon.

ユウト：うん、じゃあ、また後で。

## ■ At the post office: 郵便局で

Post officer : Hello, how can I help you?

郵便局員 : いらっしゃいませ。

Somin : Yes, I would like to send this parcel to Korea by registered
mail.

ソミン : あの、この小包を韓国にEMSで送りたいんですが。

Post officer : Sure, please fill in this form. What's inside? Let me
weigh the parcel.

郵便局員 : では、こちらの用紙にご記入ください。あのう、中身は
何でしょうか。では、小包の重さを量らせていただきま
すね。

Post officer : It weighs 6kg and that comes to $130 in total.

郵便局員 : 重さは6キロですね。合計130ドルになります。

Somin : Here you are. Please put a fragile sticker on the parcel.

ソミン : はい。あのう、小包に取扱注意のシール貼っていただけま
すか。

Post officer : Yes sure. Here is your receipt.

郵便局員 : はい、では貼っておきますね。こちらレシートになります。

## 9.4. Dialogue Analysis(ダイアログ分析)

---

**a. "What is that you are carrying?"**

（ⅰ）意訳: 何持ってるの?

（ⅱ）直訳: あなたが持っているそれって何?(関係代名詞節)

---

**b. "I wanted to send some honey <u>as</u> Australia <u>is</u> <u>famous for</u> honey."**

（ⅰ）as＋主語＋動詞: 理由を表す接続詞。「because/since」と類似表現である。

（ⅱ）be famous for＋名詞: ~として有名である。

例) Nagano is famous for soba.

「長野県はそばで有名である。」

141

**c. "That's very sweet of you."**

（ⅰ）意訳: (名前)さん、優しいですね。

（ⅱ）直訳: あなた、優しいですね。(意味的に不自然である)

（ⅲ）That＋形容詞＋前置詞＋主語:「that」は全文の内容を指す。「that」という行為が優しい(文法上の主語)と同時に「you」も意味的に主語となり、「人」と「行為」の両方が優しい、結局「人」の「行為」が優しいという意味を表す。

例) It's very kind of you to help me.

「私を手伝ってくれて、あなたはとても親切ですね。」

**d. "I will <u>come</u> after I send the parcel."**

「小包送ってから私も<u>行く</u>ね。」

Q.「come＝来る、go＝行く」と思っていたのに、なぜdの下線部のように「come＝行く」になっているのか?

A. 基本的に「come＝来る、go＝行く」は正しいが、「I'm coming. 今行くよ。」のように話している相手の場所へ来るという意味なので「I'm coming」を使うのである。「今行くよ」を英語で 「I'm going」にするとどこへ行くのかが分からないため相手を混乱させる。

例) Can I come? 「行ってもいいですか。」

**e. "Hello, how can I help you?"**

（ i ） 意訳：いらっしゃいませ。

（ii） 直訳：何を手伝いましょうか。／どうなさいましたか。

　　（→かなり不自然である）

**f. "Please fill in this form."**

fill in＋A：「Aに記入する」

例) Please fill in the blanks.「空欄を埋めてください。」

**g. "Let me weigh the parcel."**

（ i ） 使役動詞「let」は許可の意味を持ち、「~に~をさせる」の意味を持つ。基本文型は「主語＋使役動詞(let)＋人(物)＋動詞の原形」

　　例) Please let me know your decision.

　　　　「{何に/どうすること}したか教えて(ください)ね。」

（ii） 他にも、使役動詞には「make、have、get」がある。

　　例) She made her son clean the room.

　　　　「彼女は息子に部屋を掃除させた。」

　　　　I have my girlfriend make lunch.

　　　　「彼女にランチを作ってもらう。」

h. "that <u>comes to</u> $130 in total."

come to＋A:「Aになる」

例) The total come to 1,000 Yen.「合計千円になる。」

## 9.5. Grammar Point(文法のポイント)

■ I'd like to send this by A

「Aで送りたいんですが。」

(1) a. I'd like to send this by registered mail.

「書留で送りたいんですが。」

b. I would like to send this by express mail.

「速達で送りたいんですが。」

■ What's the postage to Korea?

「韓国までいくらですか。」

(2) a. How much is the postage for this?

「韓国までいくらですか。」

b. The postage will vary on the weight.

「郵便料金は重さによって違います。」

- **What's inside the parcel?**

「小包の中身は何でしょうか。」

(3) a. There's nothing fragile.

「割れ物は入ってません。」

b. This is fragile.

「壊れやすい物です。」

- **How long will it take to get to A**

「Aにはいつごろ着くでしょうか。」

(4) a. How long will it take by air mail to A?

「Aには航空便でいつごろ着くでしょうか。」

b. How long will it take to get there?

「そこにはいつごろ着くでしょうか。」

## 9.6. Dear Diary(ディアー・ダイアリー)

I have finally sent a parcel to Korea.

やっと韓国に小包を送った。

My next door neighbour once brought honey from their honey-moon to Australia.

145

昔、近所の人が新婚旅行のお土産にオーストラリアのハチミツをくれた。

They were nice enough to bring as a gift to my parents.
うちの両親にわざわざお土産を買ってきてくれて、ありがたかったな。

And I remember they loved putting honey in their tea.
お父さんもお母さんもお茶にそのハチミツを入れてよく飲んでたな。

I told myself that I will send some honey to Korea when I come to Australia.
それで、私もオーストラリアに行ったら、お父さんとお母さんにハチミツを送ろうって決めてたんだ。

Working at the café gives me good experience but also helps me buy things I want.
カフェのバイトは、いい経験にもなるし、買いたいものも買えていいな。

It's my first gift with the money I made.
ハチミツは自分で稼いだお金で買った初めてのプレゼント。

146

I was very proud of myself.

自分で自分をほめてあげたい。


I hope my gift safely gets to Korea without any issues.

私のプレゼントが無事に韓国に届きますように。


● **Vocabularies(語彙)**

－ neighbour: (名)近所の人、ご近所さん、隣の人、お隣さん

－ as a gift: お土産として

－ be proud of myself: 自分自身を誇りに思う

－ without any issue: 何の問題もなく、無事に

－ as a~: ~として


## 9.7. Dear Diary Analysis(ディアー・ダイアリーの分析)

a. "They were <u>nice enough to</u> bring as a gift to my parents."

（ⅰ）形容詞＋enough＋to＋動詞の原形 → 「enough」が形容詞を修飾

　・意訳: 動詞~してくれて、ありがたい

　例) The vehicle is large enough to accommodate a group.

　　　「その車はグループで乗れるぐらい大きい。」

147

b. "I **told myself** that I will send some honey to Korea."

tell＋oneself:「自分に言う、言い聞かせる、独り言を言う」

例) I told myself that I am a disorganised person.

「自分は整理整頓のできない人間なのだと自らに言い聞か
せる。」

c. "...helps me buy things I want."

things (which/that) I want: 目的格の関係代名詞の省略。目
的格の関係代名詞は先行詞の名詞が関係代名詞節の目的語
となる用法

例) This is a book (which/that) I bought yesterday.

「これは私が昨日買った本です。」

d. "I was very proud of my self."

・意訳:「自分で自分をほめてあげたい。」

・直訳:「自分自身のことをほこりに思う。」

例) I think I can be proud of myself.「自分を誇りに思う。」

148

## 9.8. Pronunciation Clinic(発音クリニック) 🔊

- /f/ vs. /p/

(1) funny['fʌni]

/f/: 唇の両端から息がもれる音

(例) five, fine

(2) planet['plænɪt]

/p/: 息を止めて一気に出す

(例) pet, pine

## 9.9. Writing Exercises(作文の練習)

(1) これを書留で送りたいんですが。

→ _____

(2) 郵便料金は重さによって違います。

→ _____

(3) Aには航空便でいつごろ着くでしょうか。

→ _____

## 9.10. Quiz(クイズ)

**1.** '보기'의 일본어 문장에 대응되는 영어 문장 중 가장 알맞은 것을 고르시오.

> [보기] 書留で送りたいんですが。

① I'd like sending this by registered mail.

② I'd like sending this on registered mail.

③ I'd like to send this on registered mail.

④ I'd like to send this by registered mail.

**2.** '보기'의 일본어 문장에 대응되는 영어 문장을 알맞게 배열한 것을 고르시오.

> [보기] そこにはいつごろ着くでしょうか。

| 가. will | 나. there | 다. how long | 라. it |
|---|---|---|---|
| 마. take | 바. get | 사. to | |

① 다-가-라-마-사-바-나

② 다-가-라-바-나-사-마

③ 다-라-가-마-사-바-나

④ 다-라-가-바-마-사-나

# 日・英マルチリンガル教育の実践:
## 「ジム」編

1. 運動に関する表現が駆使できる。
2. ジムで使われるさまざまな表現が駆使できる。

● Intro(イントロ) 🔊

> S : How often do you work out?
>
> (週にどれぐらい運動してるんですか。)
>
> Y : I work out once a week.(私は週に一回運動してます。)
>
> S : What do you do at the gym?
>
> (ジムでどんな運動をしていますか。)
>
> Y : I ride the exercise bike.(エアロバイクに乗ってます。)

本節の主な学習目標は「Can-do gym(運動に関するさまざまな表現が駆使できる)」である。副題は、「I'm going to hit the gym(ジムに行ってきます)である。

## 10.1. Key Expressions(主要文型) 🔊

> ‒ How often do you work out?[1]
>
> : 週(月)にどれぐらい運動して(い)るんですか。
>
> ‒ I have to work on my beach body.[2]
>
> : 海に行けるような体を作らなければなりません。
>
> ‒ Doing A is a great way to work on your B.
>
> : AはBによく効きますよ。

> – What do you do at the gym?
>
> :ジムでどんな運動をして(い)るんですか。

1) 直訳: どれぐらい頻繁に運動しているんですか。(→不自然である)

   意訳: 週(月)にどれぐらい運動して(い)るんですか。

   \* work out:「運動をする」

   例) I work out once a week at the gym.

   「週1回、ジムで運動をしています。」

2) work on:「~に取り組む」

   beach body:「ビーチ向きの体」

## 10.2. Key Words(キーワード)

> – gym gear: ジム用品
>
> – hit the gym: ジムへ行く
>
> – swimming pool: プール
>
> – specials: 特価品、イベント
>
> – joining fee: 入会金
>
> – brand new: 真新しい、新品の
>
> – work out: 運動する
>
> – as well: ~も

153

- tempting: うっとりさせる、心をそそる

- do stretching: ストレッチをする

- stiff shoulders: 肩こり

- lately: 最近(副詞) cf) late: 遅い，遅れる(形容詞)

- have a look: 注視する、注意して見る

- facilities: 施設

## 10.3. Dialogue(ダイアログ)

### ■ 会話の背景

ソミンとユウトは運動について話をしている。ユウトが通っているジムにソミンも一緒に行ってみることにする。

### ■ On the campus: キャンパスで

Yuto : I have my gym gear in the bag. I'm going to hit the gym in the afternoon.

ユウト : これ、ジム用品なんだ。午後、ジムへ行こうと思って。

Somin : Oh you are going to the gym? Is it the gym that Michael goes to?

ソミン : え、ジムに行くの?もしかしてマイケルが通ってるジム?

Somin : He told me there is a swimming pool there and I should join.

ソミン : そのジムにはプールもあるからって、私も誘われたけど。

Yuto : Yeah, it's the same gym that Michael goes to.

ユウト : そうそう。マイケルが通っているとこ。

Yuto : A lot of people have joined because they are having specials this month.

コウト : 今月、割引イベントやってるから、入会する人多いみたいだよ。

Yuto : If you join this month, there is no joining fee.

ユウト : 今月入会したら、入会金はただだからね。

Yuto : If you are interested, you should join too. The swimming pool is brand new.

ユウト : 興味があったら、ソミンもどう?プールはできたばっか(り)で新しいよ。

Somin : How often do you work out?

ソミン : 週にどれぐらい運動してるの?

155

Yuto : I work out three times a week. There is a yoga class too that is quite popular.

ユウト : ぼくは週(に)三回運動してるよ。ヨガクラスもあるんだけど、かなり人気(ある)みたい。

Yuto : I'm going to try yoga class as well.

ユウト : ぼくもヨガクラス受けてみようと思ってるんだ。

Somin : Yoga? That sounds so tempting! I have to do some stretching. I have been getting stiff shoulders lately.

ソミン : ヨガ?わあ、やりたいな！私もストレッチしなきゃだめだし。最近、肩こりもひどくて。

Yuto : Why don't you come and have a look this afternoon?

ユウト : だったら、今日の午後、ぼくと一緒に行ってみない?

Yuto : You can come with me and look around the facilities and talk to the trainers.

ユウト : 施設を見たり、トレーナーに相談にしたりできるよ。

Somin : Ok, sounds good. I will go with you.

ソミン : わあ、いいね。私も連れてって。

## 10.4. Dialogue Analysis(ダイアログ分析)

a. "Is it <u>the gym that</u> Michael goes to?"

( i ) 意訳: もしかしてマイケルが通っているジム?

(ii) [関係代名詞節] the gym: 先行詞、that: 関係代名詞

b. "there is a swimming pool there and I <u>should</u> join."

should: 「~すべき」、「~した方がいいよ」といった軽い提案をする時に使われる。

例) You should try this new flavor. This is so tasty!

　　「この新しいフレーバー試してみてよ。すごくおいしいよ。」

cf) must 「~しなければばらなない(義務)」

　　Every one of you must submit a report.

　　「メンバー一人一人がレポートを出さなければなりません。」

c. "because they are having <u>specials</u> this month."

specials: 割引イベント、特売品、特別番組、(レストランなどの)お勧め (特別)料理

例) Steaks are on special today.

「今日のお勧め料理はステーキです。」

The last of a series of KBS special on Japan is being shown tonight.

「日本に関するKBSの特別番組の最終回は今夜放送される。」

d. "A lot of people <u>have joined</u>."

have＋p.p(過去分詞): 現在完了形

① 継続: 「ずっと~している(過去のある時点から現在にわたって継続していること)」→ cの「have joined」と同じ用法

例) I have lived in Japan since 2002.

「2002年から日本に住んでいる。」

② 経験: 「~をしたことがある」(過去のある時点から現在までに経験したこと)

例) John has been to over 50 countries.

「ジョンは50以上の国に行ったことがある。」

③ 完了: 「~し終わった」(過去のある時点から現在までやって
いた動作が完了したこと)

例) Look. It has just stopped raining.

「見て。ちょうど雨がやんだよ。」

④ 結果:「(~した結果)~だ」(過去のある時点から現在までの間
に起こった)出来事{の/による}結果

例) I've dislocated my shoulder, so I can't play tennis.

「肩を脱臼(だっきゅう)したから、テニスはできないよ。」

e. "The swimming pool is <u>brand new</u>."

brand new: [形容詞]真新しい、新品の、できたばかりの

例) I don't have enough money to buy a brand-new car.

「新車を買えるお金がない。」

**f.** **"I'm going to <u>try</u> yoga class <u>as well</u>."**

（ⅰ）try:「試みる、やってみる、努力する」

例) I'd like to try horseback riding.

「乗馬をしたいのですが。」

（ⅱ）as well:「その上、加えて」→何かがすでに述べられた事柄に追加される場合や、他の事柄と同じように当てはまることを示す際に用いられる。

例) You should bring a jacket, and take an umbrella as well.

「ジャケットを持っていくべきだし、傘も持っていったほうがいい。」

**g.** **"That <u>sounds</u> so tempting."**

sound＋形容詞: (自動詞)~のように聞こえる、見える、思われる

例) Your voice sounds funny today.

「今日、声おかしいね。」

**h.** "I <u>have been getting</u> stiff shoulders lately."

現在完了進行形: have been＋動詞~ing

→ 連続した動作の強調。「疲れた」、「もうたくさん」といった
  ニュアンスになりやすい表現である。

例) I've been cleaning the kitchen since this morning. I'm
  exhausted.

  「今朝からずっと台所掃除。本当に疲れたよ。」

**i.** "<u>Why don't you</u> come and <u>have a look</u> this
  afternoon?"

（ⅰ）why don't you＋動詞の原形:「~してはどうですか」、
  「~しませんか」

  例) Why don't you come dancing with me?
    「一緒にダンスに行きませんか?」

（ⅱ）have a look:「注意して見る」、「注視する」

  例) Let me have a look at those photos.
    「その写真、見せてください。」

## 10.5. Grammar Point(文法のポイント)

■ **How often do you work out?**

「週(月)にどれぐらい運動しているんですか。」

(1) a. I work out everyday.

「私は毎日運動しています。」

b. I work out once a week.

「私は週(に)一回運動しています。」

c. I exercise three times a week.

「私は週(に)三回運動しています。」

■ **I have to work on my beach body.**

「海に行けるような体を作らなければなりません。」

(2) a. I have to work on my abs.

「私は腹筋を割りたいです。」

b. I have to work on my arms.

「私は腕の運動をしようと思います。」

c. I have to work on my legs.

「私は足の運動をしようと思います。」

- Doing A is a great way to work on your B

  「AはBによく効きますよ。」

(3) a. Doing squats is a great way to work on your lower body.

　　「スクワットは下半身(の筋肉)によく効きます(よ)。」

　b. Doing push ups is a great way to work on your shoulders/chest/upper arms.

　　「腕立て伏せは、肩[胸、上腕(の筋肉)]によく効きます(よ)。」

- What do you do at the gym?

  「ジムでどんな運動をして(い)ますか。」

(4) a. I stretch on the floor mat.

　　「フロアマットでストレッチをして(い)ます。」

　b. I run on the treadmill.

　　「トレッドミルで走って(い)ます。」

　c. I ride the exercise bike.

　　「エアロバイクに乗って(い)ます。」

　d. I lift weights.

　　「バーベルを挙げて(い)ます。」

　e. I do cardio workouts.

　　「私は有酸素運動をして(い)ます。」

## 10.6. Dear Diary(ディアー・ダイアリー) 🔊

Today I went to the shop and bought a yoga mat because I will be attending a yoga class every Wednesday and Thursday afternoon from next week.

来週から毎週水曜日と木曜日の午後、ヨガのクラスに参加することになったので、今日はお店に行ってヨガマットを買った。

I am hoping to increase my energy, muscle strength and build stamina.

体力と筋力をアップさせて、スタミナをつけたいな。

The instructor said I will learn how to breathe and calm the mind with gentle stretches.

インストラクターの人の話では、呼吸法とやさしいストレッチで心を落ち着ける方法が身につけられるんだって。

Yuto will be doing yoga with me.

ユウトも私と一緒にヨガをすることにした。

But he is also working out at the gym three times a week!

彼は週(に)三回もジムで運動をしてるらしい。

I will see how go.

私はどれぐらいできるかな。

If yoga isn't too hard then I might join Yuto and do some weight training.

ヨガがハードじゃ(きつく)なかったら、ユウトと一緒にウェイトトレーニングもしてもいいかも(しれない)。

● **Vocabularies(語彙)**

- yoga mat: (名)ヨガマット
- attend: (動)参加する
- muscle strength: (名)筋力
- puild stamina: スタミナをつける
- instructor: (名)インストラクター
- weight training: ウェイトトレーニング

## 10.7. Dear Diary Analysis(ディアー・ダイアリーの分析)

**a. "I will be attending a yoga class every Wednesday."**

will be 動詞~ing: 未来進行形

① 「~しているだろう」: 未来の時点での進行中の動作

例) John will be cooking at 5pm today.

「ジョンは今日の午後5時に料理をしているでしょう。」

② 「~することになるだろう」: ほぼ確定した未来の予定を表す

→ aの「will be attending」と同じ用法

例) I will be starting soon.

「私はもうすぐ始める。」

③ 「~されるのでしょうか」: 距離を取った丁寧な言い方

例) Will you be flying to Sapporo this summer?

「この夏は札幌に行かれるのでしょうか。」

\*未来を表す「will vs. be going to vs. be ~ing vs. will be ~ing」

~will: 「今決めた、不確実な予定」 例)I'll go with you.

~be going to: 「つもり、すでにその流れの中にある(決心済み だが、準備は未完了)」

~be ~ing: 「確実な予定(準備完了)、近い未来」

~will be ~ing: 「親しくない人(客など)に、丁寧な言い方」

## b. "If yoga isn't too hard then I might join Yuto."

ifの節を含む文

① 直接法現在：「もし~ならば」の意味で、現在や未来に実現性が十分あることについての単なる条件を表す。

　if＋主語＋現在形、主語＋助動詞(willなど)＋動詞の原形

　例) If it rains tomorrow, I'll stay home.

　　　「もし明日雨が降れば、私は家にいる。」

　→ 上記のbと同じ用法である。ただし、主節の「might」は「may」の過去形でもあるが、現在の意味で用いられることが多い。

② 仮定法過去：「もし~ならば、~なのに」の意味で、現在の事実に反したことや、あまり起こらないと話し手が判断した仮定を表す。

　if＋主語＋過去形、主語＋助動詞の過去形(wouldなど)＋動詞の原形

　例) If I were rich, I could buy that house.

　　　「もし私が金持ちならば、あの家が買えるのに。」

③ 仮定法過去完了：「もし~であったら、~であったのに」の意味で、過去の事実に反した仮定を表す。

　if＋主語＋had+pp、主語＋助動詞の過去形＋have＋pp

　例) If he had not helped me, I would not have survived.

　　　「もし彼が私を助けてくれなかったら、私は生きていなかったでしょう。」

167

## 10.8. Pronunciation Clinic(発音クリニック) 🔈

### ▪ /v/ vs. /b/

(1) starve[stɑːrv]

/v/: /f/を、唇を震わせて発音

(例) victory, very

(2) beef[biːf]

/b/: /p/より息の強さが弱い

(例) book, berry

## 10.9. Writing Exercises(作文の練習)

(1) 週(月)にどれぐらい運動して(い)るんですか。

→ _____

(2) 海に行けるような体を作らなければならない。

→ _____

(3) スクワットは下半身(の筋肉)によく効きます。

→ _____

## 10.10. Quiz(クイズ)

**1.** '보기'의 일본어 문장에 대응되는 영어 문장 중 가장 알맞은 것을 고르시오.

> [보기] 今月入会したら、入会金はただだよ。

① If you join this month, there is no joining fee.

② If you will join this month, there is no joining fee.

③ If you joined this month, there is no joining fee.

④ If you join this month, there will no joining fee

**2.** '보기'의 일본어 문장에 대응되는 영어 문장을 알맞게 배열한 것을 고르시오.

> [보기] {月／週}にどれぐらい運動しているんですか。

> 가. how　　　나. work　　　다. do　　　라. out
> 마. you　　　바. often

① 가-다-마-나-바-라

② 다-마-나-라-가-바

③ 가-바-마-다-나-라

④ 가-바-다-마-나-라

169

# Chapter 11

# 日・英マルチリンガル教育の実践：
## 「公演・映画の予約」編

1. 公演・映画などの予約に関する表現が駆使できる。
2. 観光名所を訪れた時に用いられるさまざまな表現が駆使できる。

## ● Intro(イントロ) ◀̇

---

S : What time is the ballet performance?

(今日見るバレエの公演は何時から?)

Y : I reserved our seats for 8pm.

(8時の公演を予約しといたよ。)

Y : Do you want me to take a picture?

(あ、よかったら写真撮ってあげようか?)

S : Yes please. I'm going to show to my family and friend

back in Korea!

(あ、お願い。韓国の家族とか友だちに見せてあげたいから!)

---

本節の主な学習目標は「Can-do reserving seats(公園・映画など
の予約に関する表現が駆使できる)」である。副題は、「I reserved
our seats for 8pm(8時の公演を予約しましたよ)」である。

## 11.1. Key Expressions(主要文型) ◀̇

---

　− I reserved our seats for 8pm.[1]

　　: 午後8時の公園を予約しました。

　− Would you like to go see a movie with me?[2]

　　: 一緒に映画を見に行きませんか?

---

- Do you want me to take a picture?

  : 写真を撮りましょうか?

1) reserve:「予約する(=make a reservation)」

   例) Can I make a reservation for four?

   「4人で予約できますか。」

2) go see:「~しに行く(来る)」　英文法においては二つの動詞が連続して使われるのは非文法的になり、「go and see」のように使われるべきであるが会話では「go(come)+動詞」がよく使われる。

   例) Let's go eat.「食べに行こう。」

   Go wash your hands.「手を洗ってきなさい。」

   Come see me anytime.「いつでも会いに来てね。」

## 11.2. Key Words(キーワード)

- amazing: すばらしい
- as A as B: Bと同じぐらいAである
- host: ホストを務める
- performance: 上演、演技
- ballet: バレエ

173

- classical: 古典の
- contemporary: 現代の
- reserve: 予約する
- unique: ユニークな
- construction: 建設
- be commenced[1]: 始まる
- estimation: 判断、評価
- end up: (経過の最終段階として)最後には(~に)なる
- officially: 公式的に
- sip: (~を)少しずつ飲む
- marvel: ~に驚く

1) commence:(能動態)始める

例) The factory will commence operation next month.

「その工場は来月操業を開始する(だろう)。」

## 11.3. Dialogue(ダイアログ) ◀

### ■ 会話の背景

　ソミンとユウトはシドニー・オペラハウスへ行ってバレエの公演を見ることにした。ユウトはソミンにシドニー・オペラハウスの歴史について説明している。

## ■ At Sydney Opera House：シドニー・オペラハウスで

Somin : Wow, it looks amazing! It's as pretty as what I saw in the picture! I didn't know we can watch performances here.

ソミン：わあ、すごい！写真で見たのと同じくらいきれい！ここで公演が見られるなんて知らなかった。

Yuto : It's amazing isn't it? Yes, Sydney Opera house hosts more than 1600 performances a year.

ユウト：すごいでしょ?シドニー・オペラハウスでは、年に1600以上の公演をやってるんだよ。

Yuto : You can enjoy opera, ballet, classical and modern music, contemporary dance and theatre.

ユウト：オペラ、バレエ、クラシック、現代音楽、コンテンポラリーダンス、それから演劇も楽しめるよ。

Somin : Wow that many? What time is the ballet performance?

ソミン：わあ、そんなにいろいろ?今日見るバレエの公演は何時から?

Yuto : I reserved our seats for 8pm.

ユウト：8時の公演を予約しといたよ。

Somin : Ok then we have 30 minutes to look around. The design
     of the building is so unique! When was this built?

ソミン：ああ、そうなんだ。じゃあ、30分ぐらい見て回る時間がある
     ね。建物のデザインがすごくユニークだね！ここっていつ
     建てられたの?

Yuto : The construction was commenced in 1959 with the estimation
     of it taking 4 years to take originally but it ended up taking
     24 years to build and officially it was opened in 1973. Do
     you want me to take a picture?

ユウト：1959年に建設が始まって、最初は4年で完成する予定だっ
     たんだけど、結局24年もかかって、1973年に正式にオー
     プンしたんだ。あ、よかったら写真撮ってあげようか。

Somin : Yes please. I'm going to show my family and friends back
     in Korea!

ソミン：あ、お願い。韓国の家族とか友だちに見せてあげたいから！

Yuto : Let's go down to the Opera bar after the performance. We
     can sip cocktails while marvelling at the Sydney Harbour
     Bridge. We can take more pictures there!

ユウト：公演が終わったらオペラバーに行こうよ。シドニー・ハーバー
     ブリッジを眺めながらカクテルが飲めるんだよ。そこで写真

もっと撮ろう！

Somin: Yay, I'm so excited! Sounds good Yuto!

ソミン：やった！本当に楽しみ！最高だね、ユウト！

## 11.4. Dialogue Analysis(ダイアログ分析)

**a. "It's <u>as</u> pretty <u>as</u> <u>what</u> I saw in the picture."**

（ⅰ）as＋形容詞＋as:「~と比べて同じくらい~だ」

例）I can't speak English as well as him.

「彼のようには英語を話せない。」

（ⅱ）what＋主語＋動詞:「主語が~するもの(こと)」

→関係代名詞の「what(the thing that＋主語＋動詞)」

例）You should do what you want to do.

「やりたいことをやったほうが良いよ。」

I'm really proud of what I have done.

「私は自分がやってきたことを本当に誇りに思っている。」

b. "Sydney Opera house <u>hosts</u> more than 1600 performances."

host:「迎える、もてなす」

例) We hosted 4 couples last night.

「私たちは昨夜、4組のカップルを招待した。」

c. "We have 30 minutes to <u>look around</u>."

look around:「見て回る、見回す、きょろきょろする」

例) I'm going to look around many places in this area.

「この周辺をあちこち見て回ります。」

d. "When <u>was</u> this <u>built</u>?"

be＋built(p.p)→受動態

例) This tower was made in 1580.

「この塔は1580年に建てられたと言われている。」

It is known that drinking alcohol too much is bad for the health.

「酒の飲みすぎは体によくないと知られている。」

## e. "it <u>ended up</u> taking 24 years <u>to</u> build."

（ⅰ) end up＋動詞: 予期せぬ結果や、ある程度の避けられない結末を暗示する際によく用いられる。

例) If you don't study, you might end up failing the test.

「勉強しなければ、試験に落ちることになるかもしれない。」

They argued all night and ended up breaking up.

「彼らは一晩中喧嘩し、結局別れることになった。」

（ⅱ) 24 years to build(名詞＋to＋動詞の原形): 「to不定詞」の形容詞的用法

→ 「to不定詞」が直前の名詞や代名詞を修飾して「~するための~」という意味を持つ。

例) I want something to drink now.

「(僕は今、)何か飲みたい。」

179

f. "We can sip cocktails <u>while marvelling</u> at the SHB."

while (we are) marvelling:「眺めながら」

→ 接続詞「while」の後ろの主語＋動詞が省略された場合である。従属節の主語と主節の主語が同じであり、接続詞の後ろに「be動詞」が現れると上記のように主語＋動詞が省略できる。

例) You must wear a seat belt while (you are) driving.

「運転中はシートベルトを着用しておかねばならない。」

## 11.5. Grammar Point(文法のポイント)

- I reserved our seats for 8pm.

「午後8時の公演を予約しました。」

(1) a. I reserved our seats online.

「オンラインで座席を予約しました。」

b. I reserved our seats close to the stage.

「ステージの近くの席を予約しました。」

c. I had to reserve our tickets in person.

「チケットを自分で予約しなければなりませんでした。」

■ Would you like to go see a movie with me?

「一緒に映画を見に行きませんか。」

* would like to＋動詞の原形: 相手の好意や同感を引き出そうとする丁寧な依頼表現。「want to＋動詞の原形」の文に比べてより丁寧な表現。

(2) a. Would you like to go to a concert with me?

「一緒にコンサートに行きませんか。」

b. Would you like to come with me?

「一緒に行きませんか。」

c. Would you like to check it out with me?

「一緒に見て/聞いてみませんか。」

■ Do you want me to take a picture?

「写真を撮りましょうか。」

* A＋want＋B(人の目的格)＋to: AがBに対して「~してほしい」や「~を望んでいる」という願望または依頼の表現として使われる。

(3) a. Do you want me to take you home?

「家まで送りましょうか。」

b. Do you want me to take you there?

「私が送りましょうか。」

c. Do you want me to carry your bag?

「かばんを持ちましょうか。」

181

## 11.6. Dear Diary(ディアー・ダイアリー) 🔊

I had a fantastic night tonight.

今夜は素敵な夜だった。

Yuto kindly invited me to watch a classical ballet at the Sydney Opera House.

ユウトがシドニー・オペラハウスのクラシックバレエに招待してくれた。

The venue was amazing!

会場はすごかった！

A Danish architect designed the iconic place and it is listed as UNESCO World Heritage site.

あのシドニーを代表する有名な建物はデンマークの建築家が設計したもので、ユネスコの世界遺産に登録されてるんだって。

After watching the show we went down to Opera bar and had cocktails.

バレエを見た後、オペラバーに行ってカクテルを飲んだ。

Watching the Sydney Harbour Bridge while drinking Pina Colada and listening to music was so romantic.

ピナコラーダを片手に音楽を聴きながらシドニー・ハーバーブリッジ
を眺めて、本当にロマンチックだった。

There were lots of couples there and I felt like Yuto and I were
a couple too.

周りにカップルがたくさんいて、なんだかユウトと私もカップルに
なったような気がした。

## ● Vocabularies(語彙)

- venue: (名)会場、開催地
- Danish architect: (名)デンマークの建築家
- be listed: 登録される
- iconic place: ~を代表する所、名所
- World Heritage: 世界遺産
- a thank you text: ありがとうのメッセージ

## 11.7. Dear Diary Analysis(ディアー・ダイアリーの分析)

a. "A Danish architect designed the <u>iconic</u> place."

iconic:「象徴的な(symbolic)」

例) He established an iconic image.

「彼は象徴的なイメージを確立した。」

b. "It <u>is listed</u> as UNESCO World Heritage site."

「ユネスコの世界遺産に登録されている。」

be listed「上がる、名簿に載っている、上場される」

例) They are listed in the order in which they would be used.

「これらは使われる順番に{並べられて/リストアップされて}
いる。」

c. "<u>Watching</u> the SHB while <u>drinking</u> PC and <u>listening</u> to music was so romantic."

( i ) 「watching-music」が主語

(ⅱ) 「watching..，drinking..，listening..」において三つの動
詞がほぼ同時に行われる(→同時動作)

d. "I <u>felt like</u> Yuto and I were couple too."

feel like＋主語＋動詞:「～のように感じる」、「～のような気がす
る」

例) I feel like I could vomit.

「(私は)吐きそうだ。」

## 11.8. Pronunciation Clinic(発音クリニック) 🔊

- /i/ vs. /iː/

(1) sit[sɪt] → 短音

   (例) fill, rich, it, live

(2) seat[siːt] → 長音

   (例) feel, reach, eat, leave

   (cf) 日本語にも上記のような母音の長音・短音が存在する。例えば、「おばさん vs. おばあさん」、「おじさん vs. おじいさん」、「くき vs. くうき」などが挙げられる。これに対し、韓国語には母音の長音・短音が存在しないためこれらの使用に気をつけていただきたい。

## 11.9. Writing Exercises(作文の練習)

(1) ステージの近くの席を予約しました。

   → _____

(2) 一緒に映画を見に行きませんか。

   → _____

185

(3) 家まで送りましょうか。

→ _____

## 11.10. Quiz(クイズ)

**1.** '보기'의 일본어 문장에 대응되는 영어 문장 중 가장 알맞은 것을 고르 시오.

[보기] 写真を撮りましょうか。

① Do I want to you take a picture?

② Do I want you to take a picture?

③ Do you want to me take a picture?

④ Do you want me to take a picture?

**2.** '보기'의 일본어 문장에 대응되는 영어 문장을 알맞게 배열 한 것을 고르시오.

[보기] チケットを自分で予約しなければなりませんでした。

가. reserve     나. I     다. to     라. in person

마. our tickets     바. had

① 나-바-다-가-마-라

② 나-바-라-다-가-마

③ 나-바-다-마-가-라

④ 나-가-다-마-바-라

# Chapter 12

# 日・英マルチリンガル教育の実践：
## 「ソーシャルディスタンス」編

1. 新型コロナウイルスに関する表現が駆使できる。
2. 個人の防疫に関するさまざまな表現が駆使できる。

## ● Intro(イントロ) 🔈

> Y : I heard your test result came out negative! What a relief!
>
> (検査結果、陰性だったんだって?よかったね！)
>
> S : Can I book the venue for a work party for 50 people?
>
> (会社のパーティーための会場を予約したいんですが。)
>
> M : Sorry, we can only cater for maximum of 20 people in
>
> our venue.
>
> (大変申し訳ございませんが、当会場は最大20名様までし
>
> かご利用いただけないんです。)

本節の主な学習目標は「Can-do social distance(ソーシャルディスタンスや新型コロナウイルスに関する表現が駆使できる)」である。副題は、「How did the test go?(検査の結果はどうだった?)」である。

## 12.1. Key Expressions(主要文型) 🔈

> – Maximum 20 people.
>
> : 最大20人。
>
> – How did the test go?[1]
>
> : 検査の結果はどうだった?

- The test result was negative.

  : 検査の結果は陰性だった。

- What a relief!

  : ああ、よかった(ほっとした)。

1) how＋did＋主語＋go?:「主語はどうだった?」→「結果」を聞く

   例) How did the interview go?

   「面接(は)どうだった?」

   cf) how＋was＋主語?:「主語はどうだった?」→「感想」を聞く

   例) How was the movie?

   「映画(は)どうだった?」

## 12.2. Key Words(キーワード)

- negative: 陰性

- positive: 陽性

- wear masks: マスクを(着用)する

- keep 1.5m social distance: 1.5メートルのソーシャルディスタンス(社会的距離)を保つ

- follow all the rules: すべてのルールに従う、ルールを全部守る

191

- you never know: やってみないとわからない、ひょっとしたら
- symptom: 症状
- COVID-19: 新型コロナウイルス感染症
- be isolated: (自宅)隔離される
- leave: (物・人を)~に残していく[1]
- caring: 親切な、やさしい、同情心のある
- take over: (職・地位など)を引き継ぐ、(~から)継承する <from>
- get going: でかける、出発する
- take it easy: のんびりする、ゆっくりする、じゃあね(別れの あいさつ)

1) leave: 他動詞

   cf) (自動詞)「去る」、「出発する」

   例) It's time for us to leave.

     「もう帰らなければならない時間です。」

## 12.3. Dialogue(ダイアログ) ◀€

### ■ 会話の背景

  ソミンは新型コロナウイルス感染症の検査の結果についてユウト と話している。新型コロナウイルス感染症のせいで以前とは変わっ てしまった日常生活について考えてみる。

192

## ■ At the cafeteria：学生食堂(学食)で

Yuto : Hello Somin! I heard your test result came out negative!
What a relief!

コウト：あ(よう)、ソミン！検査結果、陰性だったんだって?よかった
ね！

Somin : Yes, it was negative. Phew.

ソミン：うん、陰性だった。ふう。

Yuto : I told you it will be negative. You have been wearing
masks always, keeping 1.5m social distance, washing
hands. You followed all the rules.

ユウト：だから絶対陰性だって言っただろ?ソミンはい(っ)つもマスク
もしてるし、1.5mのソーシャルディスタンスもちゃんと守っ
てるし、手も洗ってたもん。ルール、全部守ってたからさ。

Somin : I know but you never know. I was so worried. The symptoms
were so similar to COVID. But I feel much better now.

ソミン：それはそうだけど、受けてみないと分か{ら/ん}ないでしょ。
す(っ)ごく心配だったわ。症状もコロナにすごく似てたし
ね。でも、今はだいぶ良くなった感じ。

Yuto : That's great to hear. What is that in your hand?

ユウト：じゃあ、よかった。あれ?何持ってんの?

Somin : It's a gift for Melissa.

ソミン：メリッサへのプレゼントだよ。

Somin : She worked at the café for me while I was being isolated for two weeks. She even left some food for me to eat in front of my place.

ソミン：メリッサ、私が2週間(自宅)隔離されている間、代わりにカフェでバイトしてくれてたんだ。ドアの前に食べ物も置いてくれてたしね。

Yuto : That's so caring of her. Are you seeing her today?

ユウト：メリッサって本当(に)やさしいね。今日会うの?

Somin : Yeah, I will be taking over from 3pm. I have to get going now. See you later Yuto. Make sure you keep your social distance and take care.

ソミン：うん、3時からバイトの引き継ぎあるから。あ、もう行かなきゃ。じゃあまたね。ソーシャルディスタンスちゃんととって、コロナに気を付けてね。

Yuto : Thank you, you too. Take it easy Somin. Good to see you smile again.

コウト ： ありがとう、ソミンもね。じゃあね。元気そうな顔が見れてよかったよ。

## 12.4. Dialogue Analysis(ダイアログ分析)

---

**a. "I heard your test result <u>came out</u> negative!"**

come out: 「~という結果になる」

例) This is going to come out wrong.

「これは失敗に終わるでしょう。」

---

**b. "...<u>keeping</u> 1.5m social distance, <u>washing hands</u>."**

動詞~ing(keeping)＋目的語、動詞~ing(washing)＋目的語

→ 現在分詞の分詞構文: when, whileなど接続詞を使った従属節を現在分詞を使って変化させる。

例) 時(~の間、~する時)を表す場合

While I cooked the meal, I was thinking of my mother.

→ Cooking the meal, I was thinking of my mother.

「料理をしている間、私は母のことを考えていた。」

---

195

c. "The symptoms <u>were</u> so <u>similar to</u> COVID."

be similar to~:「~に似ている」、「~と同じような」

例) My bag is similar to yours.

「私のバッグはあなたのと似ています。」

d. "while I <u>was being isolated</u> for two weeks."

be動詞＋being＋pp: 受動態の進行形(進行形＋受身形)

例) The car is being washed by John now.

「その車はジョンが洗っているところです。」

The building was being constructed.

「その建物は建設中でした。」

## 12.5. Grammar Point(文法のポイント)

■ Maximum 20 people

「最大20人(人数の制限)。」

(1) A: Can I book the venue for a work party for 50 people?

A: 会社のパーティーのための会場を予約したいんですが。

人数は50人です。

B: Sorry, we can only cater for maximum of 20 people in our venue.

B: 大変申し訳ございませんが、当会場は最大20名様までしかご利用いただけないんです。

* cater: 収容する、満たす

(2) A: Sorry guys, only maximum of 30 people are allowed at our restaurant.

A: 大変申し訳ございませんが、こちらは最大30名様までしかご利用いただけないんです。

B: Ok, we will try next time.

B: あ、そうですか。分かりました。ではまた。

(3) A: Due to COVID, our café only can have maximum of 15 people at a time.

A: コロナのため、一度に最大15名様しかご利用いただけないんです。

* due to A: Aのため

B: Ok, we will put our name down and wait.

B: 分かりました。じゃ、名前を書いて待ちますね(名前書い{てお/と}きますね)。

■ Test result was negative.

「検査の結果は陰性だった。」

197

(4)  A: How did the test go?

A: 検査結果どうだった?

B: The test result was negative.

B: 陰性だったよ。

A: Did you get the result?

A: 検査結果出たの?

B: Yes, it came out negative.

B: うん。陰性だった。

(5)  A: Did you get tested (受動態) for COVID-19?

A: コロナの検査受けたの?

B: Yes, I am waiting for the result.

B: うん。結果を待って(い)るとこ(ろ)なんだ。

## 12.6. Dear Diary(ディアー・ダイアリー) 🔈

I was happy to work at the café today.

今日はカフェでバイトして楽しかった。

It was good to see Melissa's uncle and some of our regular customers.

メリッサの叔父さんと常連さんたちに会えてうれしかった。

Melissa's uncle seems to be in a depressing mood these days.

メリッサの叔父さんは、最近落ち込んでいるみたい(なんだか元気がない)。

198

I feel bad to even get paid.

お給料をもらうのもなんだか申し訳ないな。

Only 15 people are allowed at a café and not many people are coming by even to get a take away coffee.

カフェに入れるのは15人だけだし、テイクアウトのコーヒーを買いに来るお客さんもそんなに多くない。

Running your own business by following the COVID restriction guidelines must be so tough on the business owners. When would the pandemic end I wonder.

コロナ対策をきちんと守りながら経営をするのは、経営者にとって本当に大変なことだと思う。パンデミック(世界的流行)はいつ終わるんだろう。

● Vocabularies(語彙)

- be in a depressing mood: 憂鬱な気分になっている、落ち込んでいる、元気がない
- COVID restriction guidelines: 新型コロナウイルス感染症の防止対策
- must be A: Aに違いない
- pandemic: パンデミック(世界的流行)

199

## 12.7. Dear Diary Analysis(ディアー・ダイアリーの分析)

---

### a. "I feel bad to even get paid."

get paid:「支払われる」、「給料を受け取る」→ 受動態

例) How much do you expect to get paid?

「いくら(払って)ほしいですか。」

As soon as I get paid, I'll pay you back.

「給料が入ったらすぐにお返しします。」

---

### b. "...not many people are coming by even to get a take away coffee."

take away:「お持ち帰り、テイクアウト」

→ イギリスやオーストラリアで使用

cf) take out:「お持ち帰り、テイクアウト」

　　→ アメリカやカナダで使用

　　例) We had some takeout Chinese last night.

　　　「昨夜は中華(料理)をテイクアウトしたよ。」

　　to go:「お持ち帰り、テイクアウト」

　　→ アメリカのファーストフードチェーンでよく使用

　　例) To go.(テイクアウトで)

　　　For here.(店内で食べる時)

---

> ### c. "Running your own business <u>must be</u> so tough."
>
> must be＋形容詞:「~に違いない。~に相違ない、きっと~だろう」
>
> 例) You must be tired!
>
> 「きっと疲れているよね。」
>
> You must be so excited!
>
> 「楽しみにしているに違いない。」
>
> cf) must＋動詞の原形:「~しなければならない」
>
> He must find a job by the end of this year.
>
> 「彼は何があっても今年の終わりまでに仕事を見つけなければならない。」

## 12.8. Pronunciation Clinic(発音クリニック)

■ /u/ vs. /uː/

(1) foot[fʊt]

/u/: 軽く口を開けて発音

(例) book, put

(2) food[fuːd]

/uː/: 唇を前に突き出して発音

201

(例) school, move

(cf) 現代韓国語には上記の英語・日本語のような母音の
長・短音の区別がないことに注意していただきたい。

## 12.9. Writing Exercises(作文の練習)

(1) 検査結果、陰性だったんだって?

→ _____

(2) いっつもちゃんとマスクもして、1.5mのソーシャルディスタンス
も守って、手を洗ってたもん。

→ _____

(3) 私が2週間(自宅)隔離されてる間、代わりにカフェでバイトして
くれたんだ。

→ _____

## 12.10. Quiz(クイズ)

**1. '보기'의 일본어 문장에 대응되는 영어 문장 중 가장 알맞은
것을 고르시오.**

[보기] 最大の30名様までしかご利用いただけないんです。

① Only maximum of 30 people allowed.

② Only 30 people of maximum allowed.

③ Only maximum of 30 people are allowed.

④ Only 30 people of maximum are allowed.


**2.** '보기'의 일본어 문장에 대응되는 영어 문장을 알맞게 배열
한 것을 고르시오.

---

[보기] コロナの検査受けたの?

---

| 가. tested | 나. for | 다. you | 라. COVID-19 |
|:---|:---|:---|:---|
| 마. get | 바. did | | |

---

① 바-다-마-라-가-나

② 바-다-마-가-나-라

③ 바-다-마-나-라-가

④ 바-다-가-마-나-라

# 日・英マルチリンガル教育の実践:
## 「病院」編

1. 病院に行った際に用いられるさまざまな表現が駆使できる。
2. 医者に自分の症状について説明できる。

● Intro(イントロ) ◀

---

M : Please fill in this form and give me your medicare card.

(こちらにご記入ください。メディケアカードもお願いします
ね。)

S : I don't have a medicare card. I have a private health
insurance.

(メディケアカードないんです。民間の医療保険には入っ
てます。)

M : What's the matter?

(今日はどうされましたか。)

S : 頭痛がひどい(ん)です。

(I have a splitting headache. )

---

本節の主な学習目標は「Can-do going to the doctor(医者に自分
の症状について説明できる)」である。副題は、「I have a splitting
headache(頭痛がひどい(ん)です)」である。

## 13.1. Key Expressions(主要文型) ◀

- fill in＋A
  : Aを記入してください。

- What's the matter?

  : 今日はどうされましたか?

- I feel＋形容詞[1]

  : 形容詞＋のよう/ みたいである(~がする)。

- I have a pain in＋A

  : Aに痛みがある、Aが痛い。

1) I feel dizzy: 「めまいがする」、「クラクラする」

## 13.2. Key Words(キーワード) ◀≀

- medical receptionist: 病院の受付

- form: フォーム、書式、申込書

- medicare card: メディケアカード(韓国の「国民健康保険
  カード」のようなもの)

- private health insurance: 民間医療保険

- here you go: (手渡して)はい、どうぞ、こちらになります(=here
  you are)

- splitting headache: ひどい頭痛

- a rash: 発疹(ほっしん)

- allergic reaction: アレルギー反応

- let me have a look[1]: ちょっと見せてください

- crab salad: カニのサラダ
- prescribe: 処方する、処方箋を書く
- antihistamine: (アレルギーの)抗ヒスタミン薬
- persist: 存続する、持続する

1) let(使役動詞)＋目的格＋動詞の原形:「～させてください」

## 13.3. Dialogue(ダイアログ)

■ 会話の背景

ソミンはひどい頭痛がして初めて病院に行き、受付の人や医者と会話をすることになる。

Medical receptionist : This is your first visit isn't it? Please fill in this form and give me your medicare card.

医療事務 : 初めて/初診ですか。でしたら、こちらにご記入ください。メディケアカードもお願いしますね。

Somin : Yes, this is my first time. I'm an exchange student. I don't have a medicare card. I have a private health insurance.

ソミン : はい。初めてです。あの、私、交換留学生ですので、メディケアカードないんです。民間の医療保険には入ってます。

Medical receptionist : Ok, then can I have your private health insurance card please.

医療事務 : ああ、そうですか。でしたら、民間医療保険のカードをお願いしますね。

Somin : Ok. Here you go.

ソミン : これなんですが。

Doctor : What's the matter?

医者 : 今日はどうされましたか。

Somin : I have a splitting headache and a rash all over my legs.

ソミン : 頭痛がひどくて、それと、足全体に発疹が出てるんです。

Doctor : Let me have a look. Hmmm looks like it's an allergic reaction. What did you have?

医者 : ちょっと見せてくださいね。うーん、これはアレルギー反応でしょうね。何か食べましたか?

Somin : Well, I had crab salad for lunch.

ソミン : えっと、あ、ランチにカニのサラダを食べました。

Doctor : How long have you had these symptoms for?

医者：こういう症状はいつごろから続いてますか。

Somin : Since this afternoon after having lunch.

ソミン：お昼ご飯を食べた後、今日の午後からです。

Doctor : You must be allergic to crabs.

医者：だったら、カニアレルギーでしょうね。

Doctor : I'm going to prescribe you some antihistamine. You should take this every six hours. If your symptoms still persist after two days, come and see me again.

医者：抗ヒスタミン薬を出しておきますので、6時間おきに飲んでくださいね。2日経っても治らないようでしたら、また来てください。

Somin : Thank you, doctor.

ソミン：あ、分かりました。ありがとうございました。

## 13.4. Dialogue Analysis(ダイアログ分析)

### a. "This is your first visit, <u>isn't it?</u>"

付加疑問文(tag question)「isn't it?」:

付加疑問文とは、平叙文の後に簡単な疑問形式を付け足して、「~ですよね」、「~でしょう」と聞き手に確認を求める表現である。肯定文には否定の、否定文には肯定の疑問形式を付ける。また、前の文にbe動詞、一般動詞、助動詞が用いられている場合、付加する疑問形式にも同じ動詞が用いられる。

[be動詞の場合]
You are tired, aren't you?
「疲れてますよね。」

[一般動詞の場合]
Your sister likes candy, doesn't she?
「妹さんはキャンディーが好きだよね。」

[助動詞の場合]
John doesn't like classical music, does he?
「ジョンはクラシックが好きじゃないよね。」

211

b. "<u>Can I have</u> your private health insurance card?"

Can I have ＋ 目的語:

「目的語~をもらえませんか」、「目的語~をいただけますか」

例) Can I have cappuccino?

　　「カプチーノをいただけますか。」

　　Can I have a moment of your time, please?

　　「お時間を少しだけいただけますか。」

c. "Hmmm <u>looks like</u> it's an allergic reaction."

look like ＋ 主語 ＋ 動詞:　「~のように見える/~のようだ」

例) They look like they are having fun.

　　「彼らは楽しんでいるように見える。」

d. "How long have you had these symptoms for?"

How long have you＋pp：「どれぐらいの時間を~しているのか。」

例) How long have you been in Japan?

「どのぐらい日本に滞在して{います/いらっしゃいます}か。」

How long has John been sick?

「ジョンは風邪長いの？」

e. "Hmmm looks like it's an allergic reaction."

look like＋主語＋動詞：「~のように見える/~のようだ」

例) They look like they are having fun.

「彼らは楽しんでいるように見える。」

213

f. "You <u>should</u> take this <u>every six hours</u>."

(ⅰ) should: ～すべきである、～べきだ

例) We should read more books.

「私たちはもっと本を読むべきです。」

(ⅱ) every＋＿＋hours: ＿時間おきに(ごとに、に1回)

例) My son wakes every 4 hours during the night.

「私の息子は夜4時間おきに目が覚める。」

## 13.5. Grammar Point(文法のポイント)

■ I feel ＋ 形容詞

「形容詞＋のようである(～がする)」

(1) a. I feel dizzy.

「めまいがする。」

b. I feel nauseous.

「吐き気がする。」

c. I feel carsick.

「乗り物酔いをした/乗り物に酔った。」

d. I feel seasick.

「船酔いをした/船に酔った。」

e. I feel airsick.

「飛行機酔いをした/飛行機に酔った。」

■ I have ＋ A(病名/身体部位語)

「Aが痛い。」

(2) a. I have a sore throat.

「のどが痛い。」

b. I have a fever.

「熱がある。」

c. I have a headache.

「頭が痛い。」

d. I have a toothache.

「歯が痛い。」

e. I have a rash on A.

「Aに発疹が出ている。」

f. I have diarrhea.

「下痢(げり)をしている/だ。」

g. I have a cramp in my foot.

「足がしびれている/足がつった。」

h. I have a stuffy nose.

「鼻がつまっている/鼻づまりがある。」

　i. I have a pain in A.

　　「Aに痛みがある/Aが痛い。」

- I hope you get well soon.

　「早く良くなりますように。」

(3)　a. We hope you get better soon.

　　　「早く良くなりますように。」

　　b. We are all wishing you a quick recovery.

　　　「一日も早く治りますように、みんなで祈ってるよ。」

　　c. Hope you are 100% soon.

　　　「早く回復しますように。」

　　d. Sending good vibes your way for a speedy recovery.

　　　「すぐに良くなるように、元気を送ってるからね。」

　　cf)　お大事に。ご自愛ください。

## 13.6. Dear Diary(ディアー・ダイアリー)

I should be careful from now on as to what I eat.

これからは食べ物に気をつけよう。

I knew I was allergic to lobster but I didn't know I was allergic
to crab too.

216

エビアレルギーがあることは知ってたけど、カニアレルギーもあった
なんて知らなかったな。

I feel much better after taking the prescribed medicine.

病院でもらった薬飲んだら、だいぶ良くなった。

I paid 30 dollars for seeing a doctor today.

今日、病院で診てもらうのに30ドルかかった。

Apparently if you have a medicare card you don't have to pay.

メディケアカードがあったら、お金がかからなかったみたい。

Medicare card is given to citizens or permanent residents here.
I like this system in Australia.

メディケアカードは国民か永住者ならだれでももらえるらしい。オー
ストラリアはこういうシステムがあっていいな。

● Vocabularies(語彙)

‐ apparently: どうやら、明白に

‐ permanent residents: 永住者

## 13.7. Dear Diary Analysis(ディアー・ダイアリーの分析)

a. "I should be careful from now on <u>as to</u> what I eat."

as to:「~に関して」、「~について」

例) He said nothing as to the time.

「彼は時間に関しては何も言わなかった。」

b. "I knew I <u>was allergic to</u> lobster."

be allergic to-:「~にアレルギがある」

例) She is allergic to pollen.

「彼女は花粉症だ。」

c. "<u>Apparently</u> if you have a medicare card, you <u>don't have to</u> pay."

( i ) apparently:「見たところでは(~らしい)、どうやら、明白に」

例) Apparently, the meeting has been canceled.

「どうやら、会議は中止になったらしい。」

( ii ) don't have to+動詞の原形: 「~する必要がない」

例) You don't have to worry about it.

「気にしなくていいですよ。」

d. "Medicare card is given to citizens here."

be given to＋人:「人に与えられる」

例) This medicine mustn't be given to small children.

「この薬は小さい子供に与えてはいけない。」

## 13.8. Pronunciation Clinic(発音クリニック)

■ /æ/ vs. /ʌ/

(1) staff[stæf]

/æ/: 綴りが-a-だけに見られる音で[エ]をやや長めに言うつもりで発音するとよい。

(例) bad, track

(2) stuff[stʌf]

/ʌ/: あまり口を開けないで発音する。韓国語にはこの発音と類似したものが存在するのに対し、日本語には存在しないことに注意していただきたい。

(例) bud, truck

219

## 13.9. Writing Exercises(作文の練習)

(1) この症状はいつごろから続いていますか。

→ _____

(2) 2日経っても治らないようでしたら、また来てください。

→ _____

(3) 病院でもらった薬を飲んだら、だいぶ良くなった。

→ _____

## 13.10. Quiz(クイズ)

1. '보기'의 일본어 문장에 대응되는 영어 문장 중 가장 알맞은 것을 고르시오.

[보기] カニアレルギーでしょうね。

① You must be allergy to crabs.

② You must allergic to crabs.

③ You must be allergic to crabs.

④ You should be allergic to crabs.

**2.** '보기'의 일본어 문장에 대응되는 영어 문장을 알맞게 배열
한 것을 고르시오.

---

[보기] 早く良くなりますように。

---

가. hope      나. well      다. soon      라. I

마. get      바. you

---

  ① 바-가-라-마-나-다

  ② 바-마-라-가-나-다

  ③ 라-가-바-마-나-다

  ④ 라-마-바-가-나-다

# Chapter 14
## 日・英マルチリンガル教育の実践：
## 「美容室」編

## ● Intro(イントロ) ◁⋰

H : How may I help you?(クリームサロンのレイです。)

S : I would like to make an appointment tomorrow.

　(あの、明日の(で)予約をしたいんですが。)

H : What time would you like tomorrow?

　(明日は何時がよろしいですか。)

S : Is 2pm available?(お昼の2時は空いてますか。)

本節の主な学習目標は「Can-do hair salon(美容室で用いられるさまざまな表現が駆使できる)」である。副題は、「I would like to make an appointment(予約をしたいんですが)」である。

## 14.1. Key Expressions(主要文型) ◁⋰

- How may I help you?

　:はい、(店名)です[1]。

- I would like to make an appointment.

　:あの、予約をしたいんですが[2]。

- What service are you after?

　:どのような施術をご希望ですか。(何になさいますか。)[3]

- Is (time) available?

　:(時間)は空いてますか(どうですか)。

224

1) 日本語に対応する表現が存在しないため、意訳するのが望ましい。

2) make an appointment:「(意訳)予約をする」。ただし、ビジネスにおいては「アポ(イントメント)をとる」のように訳される。

3) 直訳の「何になさいますか。」は不自然であるため、意訳の「どのような施術をご希望ですか。」のほうが望ましい。

## 14.2. Key Words(キーワード) 🔊

> – hair salon: ヘアサロン、美容室
>
> – this is(name)speaking: はい、(名前)です
>
> – would like to: ~したいと思う(want toより丁寧な表現)
>
> – get a hair cut: 髪を切る
>
> – blow-dry: ドライヤーで乾かす、ブローする
>
> – how about: ~はいかがですか
>
> – get freezing cold: すごく寒くなる
>
> – ladies haircut: レディースヘアカット
>
> – fantastic: すばらしい、すてきな

## 14.3. Dialogue(ダイアログ) 🔊

### ■ 会話の背景

ソミンは髪を切るため、美容室に電話をかけ予約しようとしている。

Hair Salon : Hello this is Cream Hair Salon. This is Ray speaking, how may I help you?

美容院 ： お電話ありがとうございます。クリームヘアサロン(のレイ)です。

Somin : Hi Ray. I would like to make an appointment tomorrow. Will Jenny be working tomorrow?

ソミン ： あの、明日の(で)予約をしたいんですが。ジェニーさん、明日出勤されますか。

Hair Salon : Yes she is working tomorrow. What service are you after?

美容院 : はい。ジェニーは明日出勤いたしますが。どういった施術をご希望ですか。

Somin : I would like to get a hair cut.

ソミン : カットをお願いしたいんですが。

Hair Salon : You mean just a hair cut or wash and blow-dry together?

美容院 : カットのみでしょうか、それともシャンプーとブローもご希望でしょうか。

226

Somin : I would like to get wash and blow-dry together please.

ソミン：あ、シャンプーとブローもお願いします。

Hair Salon : Excellent, what time would you like tomorrow?

美容院：かしこまりました。明日は何時がよろしい(をご希望)ですか。

Somin : Is 2pm available?

ソミン：お昼の2時は空いてますか。

Hair Salon : Sorry, she already has an appointment with another

customer at 2pm. How about 3pm?

美容院：申し訳ございませんが、2時はすでにご予約が入っており

まして。3時はいかがでしょうか。

Somin : Yes, 3pm should be fine.

ソミン：あ、なら3時でお願いします。

Hair Salon : Ok, so tomorrow 3pm ladies hair cut, wash and blow

dry together right?

美容院：かしこまりました。では、明日の午後3時にレディースヘア

カット、シャンプー、ブローでご予約ということでよろしい

でしょうか。

Somin : Yes, thank you.

ソミン：はい。それでお願いします。

Hair Salon : Can I get your name please?

美容院：お名前をお伺いしてもよろしいですか。

Somin : My name is Somin.

ソミン：パク(名字)です。

Hair Salon : Fantastic, thank you Somin. See you tomorrow.

美容院：パク様ですね。ありがとうございます。では、明日のご来店お待ちしております。

Somin : Thank you, bye.

ソミン：はい。では、失礼します。

## 14.4. Dialogue Analysis(ダイアログ分析)

**a. Hair Salon: "Hello this is Cream Hair Salon. This is Ray speaking,"**

[日英両言語の電話応対に関する表現の違い]

(ⅰ) 英語: Hello this is Cream Hair Salon.
　　　日本語: お電話ありがとうございます。
(ⅱ) 英語: This is Ray speaking, → 自分の名前を名乗る
　　　日本語: クリームヘアサロンです。
　　　　　　　　　→ 自分の名前までは名乗らない

**b. "You mean just a hair cut or wash and blow-dry together?"**

you mean: 直訳すると「あなたが意味する」となる。主に、相手の発言や行動に対して疑問や不明な点がある際に使用される。また、相手の意図や考えを確認するためにも使われる。例えば、相手が抽象的な表現をした際に、「you mean」を用いて具体的な意味を尋ねることができる。

例) You mean you forgot to bring the key?
　　「鍵を持ってくるのを忘れたということですか。」
　　You mean you've never been to Japan?
　　「あなたは日本に一度も行ったことがないという意味ですか。」

229

c. "3pm <u>should</u> be fine."

should: (可能性・期待を表して)~だろう、のはずである。

例) If you you leave now, you shoud get there by five o'clock.
「今出発すれば5時にはそこに着くだろう。」

cf) 当然を表す用法「~すべきである」

d. "so tomorrow 3pm ladies hair cut, wash and
blow-dry together, <u>right</u>?"

right: 直訳すると「正しい」、「間違いのない」などになるが、日本語ではやや不自然である。この場合は、意訳して「~(で)よろしいでしょうか」のほうが望ましい。

e. "Somin: Yes, <u>thank you</u>."

thank you: 直訳すると「ありがとうございます」になるが、日本語において客が店員に向かって感謝の表現を使うのはやや不自然である。よって、意訳の「それでお願いします」のほうが望ましい。

f. "Can I get your name please?"

直訳すると「お名前を教えてください」になるが、このような状況では日本語において「お名前をお伺いしてよろしいでしょうか」のようにより丁寧な表現を使うのが望ましい。

g. "Somin: My name is Somin."

直訳すると「ソミンです」になるが、このような状況では日本語では名字を言うのが一般的である。よって、「パクです」になる。

h. "Hair Salon: Fantastic, thank you Somin."

直訳すると「すばらしいです」になるが、日本語においては非常に不自然である。この場合は、確認のため復唱する形式の「パク様ですね」のように意訳するのが望ましい。

231

> **i. "Somin: Thank you, bye."**
>
> 直訳すると「はい、ありがとうございます」になるが、上述したようにこの状況において客が店員に向かって感謝の表現を使うのは一般的でない。よって、意訳して「では、失礼します」のほうが望ましい。

## 14.5. Grammar Point(文法のポイント)

■ How would you like to get your hair done?

「どういった施術をご希望ですか。」

* get＋目的語＋pp:「(人に頼んで)目的語を~してもらう」

例) I got my smartphone repaired.

「スマホを修理してもらった。」

I get my suit cleaned every month.

「毎月スーツをクリーニングに出します(直訳:自分のスーツを毎月ドライクリーニングをしてもらう)。」

(1) a. I would like to get a trim please.

「毛先(けさき)をそろえる程度にしてください。」

b. Can you cut off my dead ends please.

「枝毛(えだげ)の部分をカットしてください。」

c. I would like to get a blow-dry. Can you put the part on the left please?

「ブローしてください。左寄りの横分けにしてもらえますか。」

d. Can you cut my hair like this picture?

「この写真みたいにカットしてもらえますか。」

e. I want to get a perm.

「パーマをかけたいです。」

f. I would like to get my hair dyed brown and then a trim.

「茶色に染めてからセットしてもらえますか。」

g. I need to dye my roots.

「根元(ねもと)を染めてください。」

h. I want some fringe.

「前髪(まえがみ)を作りたいです。」

■ How can I help you?

「[意訳] お電話ありがとうございます。(店名)です。」

(2) A: Hello, how can I help you?

「お電話ありがとうございます。(店名)です。」

B: Yes, I would like to make an appointment with Richard for next Monday 10am.

「あの、来週の月曜日の午前10時にリチャードさんで予約したいんですが。」

(3)  A:  Hello, how may I help you?

　　　　「お電話ありがとうございます。(店名)です。」

　　 B:  Yes, I made an appointment with Jennifer at 2.15pm

　　　　 today but I'm afraid I have to cancel my booking.

　　　　「あの、今日の2時15分にジェニファーさんで予約をした

　　　　 者なんですけど、すみませんがキャンセルできますか。」

　　 A:  No worries, I'll cancel that for you.

　　　　「あ、かしこまりました。それでは、キャンセルとさせていた

　　　　 だきます。」

(4)  A:  Hello, how can I help you?

　　　　「お電話ありがとうございます。(店名)です。」

　　 B:  Yes, I made an appointment with Chris at 11am today

　　　　 but something has come up and I won't be able to make

　　　　 it. Can you please move my booking to the following

　　　　 week same day, same time?

　　　　「あの、今日の11時にクリスさんで予約した者ですが、

　　　　 ちょっと急用が入ってしまいまして間に合いそうにないんで

　　　　 すよ。本当にすみませんが、予約を次の週の同じ曜日の

　　　　 同じ時間に変えていただけないでしょうか。」

　　 A:  Ok, let me check.

　　　　「あ、では確認してみますので、少々お待ちください。」

　　　　 *  something has come up: 急用のある場合

　　　　　　 make it: 間に合う

(5) A: Hello, how can I help you?

「お電話ありがとうございます。(店名)です。」

B: Hi, is Judy working today?

「あの、すみませんが、ジュディさん今日出勤されてますか。」

A: Judy is on holiday at the moment. She will be back at the end of this month.

「ジュディは、ただ今休暇中でして、今月末からまた出勤いたします。」

B: Oh, I didn't know that. Ok thank you. I'll call you again.

「[意訳] ああ、そうですか。わかりました([直訳] そのことを知りませんでした)。ありがとうございました。じゃあ、またお電話します。」

## 14.6. Dear Diary(ディアー・ダイアリー) ◀

Today I got a hair cut from the hair salon Yuto recommended.

今日は、ユウトのお勧めの美容院で髪を切ってもらった。

Jenny knew how to style my hair.

ジェニーは私の髪の扱い方が本当によく分かってる。

I left it up to her and she did a nice hair cut for me.

ジェニーに全部おまかせしたけど、すごくいい感じにカットしてくれた。

235

Yuto said he likes my new hair style.

ユウトは私の新しいヘアスタイルをほめてくれた。

I was blown by the fact that I had to pay extra for washing and blow- drying.

シャンプーとブローに追加料金がかかったのには、びっくりした。

I didn't know they charge you extra for this service.

シャンプーとブローに追加料金がかかるなんて知らなかった。

In Korea, washing and blow-drying are complimentary.

韓国ではシャンプーとブローは無料だから。

Now I know why when I was making a booking, the guy asked me if I wanted wash and blow-dry.

それで、予約のときにシャンプーとブローのことまで聞かれたんだな。

Next time, I'm going to wash my hair before I go.

今度は、美容院に行く前に髪を洗っておこう。

● Vocabularies(語彙)

– be blown by the fact: ~という事実に驚かされる

236

- charge: 負わせる、課す

- complimentary: 無料の

- make a booking: 予約する

## 14.7. Dear Diary Analysis(ディアー・ダイアリーの分析)

**a. "I got a hair cut from <u>the hair salon Yuto recommended</u>."**

[関係代名詞の目的格]

the hair salon(先行詞)＋(which/that)＋Yuto recommended

「(直訳)ユウトが勧めてくれた美容院。(意訳)ユウトのお勧めの美容院。」

例) The book (which) you recommended is fantastic.

「勧めてくれた本はすばらしい。」

**b. "Jenny knew <u>how to style</u> my hair."**

how to＋動詞の原形: 「~のしかた、どうやって~すればよいか」

例) Do you know how to get there?

「(そこへの)行き方(どうやってそこへ行くか)(が)分かりますか。」

c. "I left it up to her."

leave＋A＋up to＋人の目的格: Aを人に任せる、Aを人任せにする

例) Let's leave it up to him.

「それは彼に任せよう。」

d. "I was blown by the fact that I had to pay extra."

be blown by the fact that＋主語＋動詞:「~という事実に驚かされる」

例) John was blown by the fact that he fell the exam.

「ジョンは試験に落ちたと知って驚いた。」

e. "I didn't know they charge you extra for this service."

charge:「請求する、つける、負わせる」

例) What do they charge you for a meal?

「一食いくらですか。」

**f.** "In Korea, washing and blow-drying are complimentary."

complimentary:「無料の」 cf) 敬意を表する、称賛の

例) Coffee, tea and water are complimentary.

「コーヒー、紅茶、お水は無料です。」

Japanese similes are for the most part complimenary.

「日本人の微笑みは、多くの場合愛想笑いである。」

**g.** "Now I know why when I was making a booking, the guy asked me if I wanted wash and blow-dry."

(Now) I know why＋主語＋動詞:「なぜ~したのか(やっと)分かった」

例) I don't know why she isn't coming.

「彼女が来ない理由が分からない。」

239

## 14.8. Pronunciation Clinic(発音クリニック) ◀⁝

### ▪ /ɔː/ vs. /ou/

(1) abroad[əˈbrɔːd]
　　/ɔː/: 日本語の「オー」に近いが、唇を丸め奥の方から「オー」と
　　　　発音
　　　　(例) always, saw

(2) nose[noʊz]
　　/ou/: /o/と強く長めに発音してから/u/を添えて「オウ」と発音
　　　　　(例) coat, boat

## 14.9. Writing Exercises(作文の練習)

(1) 2時はすでに(他のお客様の)ご予約が入っています。

　　→ _____

(2) 左寄りの横分けにしてもらえますか。

　　→ _____

(3) すみませんが、予約をキャンセルしたいんですが(できますか)

　　→ _____

## 14.10. Quiz(クイズ)

**1.** '보기'의 일본어 문장에 대응되는 영어 문장 중 가장 알맞은 것을 고르시오.

[보기] どういった施術をご希望ですか。

① How would you like to get your hair doing?

② How would you like to your hair done?

③ How would me like to get your hair done?

④ How would you like to get your hair done?

**2.** '보기'의 일본어 문장에 대응되는 영어 문장을 알맞게 배열한 것을 고르시오.

[보기] 午前11時にクリスさんで予約しました。

| 가. 11am | 나. I | 다. an appointment |
|---|---|---|
| 라. with Chris | 마. at | 바. made |

① 나-바-라-다-마-가

② 나-바-다-라-마-가

③ 나-라-바-다-가-마

④ 나-라-다-바-마-가

# Chapter 15

# 期末テスト

1-3. 보기 중에서 영어의 공란에 들어갈 적절한 것을 고르시오
(힌트: 일본어의 밑줄 친 부분에 대응되는 표현임).

**1.**

> [보기] **I want to send some honey (　) Australia is famous for honey.**
>
> オーストラリアはハチミツ有名だ<u>から</u>、送ってあげたかったの。

① as

② to

③ on

④ from

**2.**

> [보기] **I'm going to (       ) the gym in the afternoon.**
>
> 午後、ジムへ<u>行こう</u>と思って。

　① do

　② hit

　③ jump

　④ go

**3.**

> [보기] **I reserved our seats (       ) 8pm.**
>
> 午後**8時**<u>の</u>公演を予約しました。

　① at

　② for

　③ to

　④ as

4-7. 다음 중에서 틀린 부분을 찾으시오(힌트: 대응되는 각각의
일본어 표현을 참고할 것).

**4.** You have <u>been</u> <u>wearing</u> masks always, <u>kept</u> 1.5m social distance,
　　　　　① 　　② 　　　　　　　③

<u>washing</u> hands.
　④

いつもマスクもしてるし、**1.5m**のソーシャルディスタンスもちゃん
と守ってるし、手も洗ってたもん。

**5.** <u>How</u> long <u>did</u> you <u>had</u> these <u>symptoms</u> for?
　　① 　　　② 　　③ 　　　　④

こういう症状はいつごろから続いてますか。

**6.** I would like to <u>get</u> <u>my hair</u> <u>dye</u> brown and <u>then</u> a trim.
　　　　　　　① 　② 　　③ 　　　　④

茶色に染めてからセットしてもらえますか。

**7.** I hope my gift <u>safely</u> <u>gets</u> to Korea <u>with</u> <u>any</u> issues.
　　　　　　① 　② 　　　　③ 　④

私のプレゼントが無事(に)韓国に届きますように。

**8-10.** 다음 영문의 공란에 각각 동일한 표현이 들어가야 한다. 해당 표현을 일본어의 밑줄 친 부분을 참고하여 쓰시오.

**8. a. (　) me have a look.**

ちょっと見<u>せ</u>てください。

**b. (　) me weigh the parcel.**

小包の重さを量<u>らせ</u>ていただきますね。

① make

② let

③ get

④ have

**9. a. It's as pretty as (　) I saw in the picture.**

写真で見た<u>の</u>と同じくらいきれい。

**b. (　) a relief!**

<u>ああ</u>、よか<u>った</u>ね。

① when

② why

③ how

④ what

**10. a. What's the postage (　　) Korea?**

韓国<u>まで</u>(郵便料金は)いくらですか。

**b. I left it up (　　) Jenny.**

ジェニー<u>に</u>全部お任せした。

① to

② as

③ for

④ until

# 参考文献

[韓国語の文献]

강은영(カン・ウンヨン, 2019)「영어 학습자의 탈동기 요인 연구: S대학의 영어회화 수업 사례를 중심으로(英語学習者の脱動機要因研究:S大学の英語会話授業事例を中心に)」『영어영문학연구(英語英文学研究)』45: 1209-235. 대한영어영문학회(大韓英語英文学会).

김현기(キム・ヒョンギ, 2006)「언어학의 실용적 접근: 언어치료학(言語学の実用的接近:言語治療学)」『한국프랑스학회 학술발표회(韓国フランス学会学術発表会)』7-42. 한국프랑스학회(韓国フンランス学会).

박강훈(パク・カンフン, 2015)「한국 일본어학계의 통어론 연구 현황과 과제－생성문법을 중심으로－(韓国の日本語学界の統語論研究の現況と課題―生成文法を中心に―)」『日本文化研究』58:43-61. 한국일본문화학회(韓国日本文化学会).

박강훈(パク・カンフン, 2018)「한국 성인학습자의 일・영 멀티링구얼 교육 모델 구축을 위한 기반연구(韓国における成人学習者の日・英マルチリンがル教育モデル構築のための基盤研究)」『日本語文学』78:105, 126. 한국일본어문학회(韓国日本語文学会).

박강훈(パク・カンフン, 2019a)「인공신경망 번역 엔진을 활용한 멀티링구얼 문법 교육－韓・日・英 삼중언어를 중심으로－(人工神経網翻訳エンジンを活用したマルチリンガル文法教育―韓・日・英の三重言語を中心に―)」『日本文化研究』80:23-43. 한국일본문화학회(韓国日本文化学会).

박강훈(パク・カンフン, 2019b)「생성문법이론과 인공신경망 번역 알고리즘－멀티링구얼 교육에의 적용－(生成文法理論と人工神経網翻訳アルゴリズム―マルチリンゲル教育への適用―)」『日語日文学研究』108:3-22. 한국일어일문학회(韓国日語日文学会).

박강훈(パク・カンフン, 2020)「MOOC 플랫폼을 활용한 일본어 교육의 현황과 전망−성인학습자의 日・英 멀티링구얼 교육을 중심으로−(MOOCプラットフォームを活用した日本語教育の現状と展望—成人学習者の日・英マルチリンガル教育を中心に—)」『日本語文学』84:21-43. 한국일본어문학회(韓国日本語文学会).

박강훈(パク・カンフン, 2023)「韓・日・英 삼중언어 멀티링구얼 수업의 교육평가 모형 개발 연구(韓・日・英の三重言語におけるマルチリンガル授業の教育評価のモデル開発の研究)」『日本文化研究』98:303-323. 한국일본문화학회(韓国日本文化学会).

유덕근(ユ・トクグン, 2012)「기억의 특성에서 바라본 외국어학습−서술기억과 절차기억을 중심으로−(記憶の特性から見た外国語学習—叙述記憶と手続き記憶を中心に—)」『외국어로서의 독일어(外国語としてのドイツ語)』31:79-109. 한국독일어교육학회(韓国ドイツ語教育学会).

윤강구(2011, ユン・カング)『일본어, 어떻게 가르칠 것인가(日本語、どう教えるのか)』지식과 교양(知識と教養).

이미숙외(옮김)(2012, イ・ミスク他(訳))『이중 언어와 다언어의 교육(バイリンガルと多言語の教育)』한글파크(ハングルパーク).

\*　　　　　\*

[日本語の文献]

中島和子編著(2010)『マルチリンガル教育への招待』ひつじ書房.

朴江訓(2015a)「韓国におけるマルチリンガル教育の可能性—大学生の日本語学習者へのニーズ調査を中心に—」『日本言語文化』31:89-110. 韓国日本言語文化学会.

朴江訓(2015b)「外国語教育の国家職務能力標準(NCS)の構築における基礎研究」『日本語文学』65:239-258. 韓国日本語文学会.

朴江訓(2017)「韓国の大学における日本語・英語のマルチリンガル教育の試み」『日本語文学』72:25-44. 韓国日本語文学会.

朴江訓(2020)「脳科学の観点からみた成人学習者向け日・英マルチリンガル教授法の開発研究—J大学の授業実践事例を中心に—」『日本語文学』87:35-56. 韓国日本語文学会.

朴江訓(2021a)「韓国の大学生の海外就職のための大学教育の現況と展望―大学での海外就職及び外国語教育のケーススタディ―」『日本語文学』88:1-21. 韓国日本語文学会.

朴江訓(2021b)「韓国の大学の日本語教育における学際融合の授業モデルの研究―「IT実務外国語会話」科目のケーススタディ―」『日本語文学』90:97-120. 韓国日本語文学会.

朴江訓(2023)「K-MOOCにおける外国語教育モデルの開発と運用韓国の大学の日本語教育における学際融合の授業モデルの研究―「「マルチリンガル習得と実践」講座のケーススタディ―」『日本語文学』96:3-23. 韓国日本語文学会.

\*　　　　\*

[英語の文献]

Baddeley, Alan, Eysenck, Michael. W. & Anderson, Michael. C.(2009) Memory. Psychology Press.

Berkes, Eva & Flynn, Suzanne(2012) Multilingualism: New Perspectives on Syntactic Development. *The Handbook of Bilingualism and Multilingualism.* 137-167. Blackwell Publishing.

Cenoz, Jasone & Fered, Genesee(1998) Psycholinguistic Perspectives on Multilingualism and Multilingual Education. *Beyond Bilingualism.* 16-32

Chomsky, Noam(1981) Lectures on Government and Binding. Foris.

Cook, Vivian(2008). *Second Language Learning and Language. Teaching.* 1-306. Arnold.

Council of Europe(2001) *Common European Framework Reference for Languages: learning, teaching, assessment.* 1-260. Cambridge University Press.

Cummins, James(1978) Educational Implications of Mother-tongue Maintenance in Minority-language Groups. Canadian Modern Language Review. 34(3):395-416.

Cummins, James(1991a) Language Development and Academic Learning.

Language, culture and cognition: A collection of studies in first and second language acquisition. Philadelphia: Multilingual Matters. 161-175.

Cummins, James(1991b) Interdependence of first- and second-language proficiency in bilingual children. Language Processing in Bilingual Children. UK: Cambridge University Press. 70-89.

Daskalovska, Nina, Lijana Koleva Gudeva, & Biljana Ivanovska(2012) Learners Motivation and Interest. Procedia-Social and Behavioral Sciences 46:1187-91.

Flynn, Suzanne(2007) Multilingualism. ms. MIT.

Kandel, Eric R.(2001) The molecular biology of memory storage: a dialogue between genes and synapses. Science 294(5544): 1030-1038.

Kim, Karl, Relkin, Norman, Lee, Kyoung Min & Hirsch, Joy(1997) Distinct cortical areas associated with native and second languages. Nature 388:171‐174.

Krashen, Stephen(1994) The input hypothesis and its rivals. Implicit and explicit learning of language. Academic Press.

Malavé, Lilliam & Duquette, Georges(1991) Language Development and Academic Learning. Language, culture and cognition: A collection of studies in first and second language acquisition. Philadelphia: Multilingual Matters. 161-175.

Park Kang-Hun(2024a) Training Multilingual Educators in Korea: Focusing on the Issues of Bilingual Teacher Training Systems. *Ilponemwunhakyenkwu(Japanese Language and Literature)* 100:255-278.

Park Kang-Hun(2024b) A Case Study of Speech Contests as Multilingual Speaking Education in Korean, Japanese and English: Focusing on Practical Research. *Ilponekyoyuk (Japanese Education)*107:89-103.

Park Kang-Hun(2024c) Multilingual Speech Evaluation Models in Korea and Japan: Practical Cases from the Multilingual Speech Contests. *Ilponmwunhwahakbo(Journal of Japanese Culture)*

252

101:151-171.

Raabe, Horst(2002) Grammatik und ihre Vermittlung im Fremdsprachenunterricht. Band B und C. Fernuniversitat.

Squire, Larry R. & Zola, Stuart M.(1996). Structure and function of declarative and nondeclarative memory systems. Proceedings of the National Academy of Sciences 93:13515‐13522.

Ullman, Michael T.(2004) Contributions of memory circuits to language: the declarative/procedural model. Cognition 92: 231-270.

Ushioda, Ema(2001) Language Learning at University: Exploring the Role of Motivational Thinking. Motivation and Second Language Acquisition. 93-125.

Wells, Gordon(1981) Learning through Interaction: The Study of Language Development. Cambridge, UK: Cambridge University Press.

Wells, Gordon(1985) Literacy, Language and Learning. Language Learning and Education. Philadelphia: Nfer-Nelsson. 152-175.

\*                    \*

[辞典類]

英ナビ!辞書(https://www.ei-navi.jp/dictionary/)
weblio辞典(https://ejje.weblio.jp/)
goo辞書(https://dictionary.goo.ne.jp/en/)

[参考資料]

KBS「당신이 영어를 진짜 못하는 이유(あなたの英語が上達できない本当の理由)」(2011年12月18日放映)
K-MOOC「멀티링구얼 습득과 실천: 일본어와 영어를 동시에 배우기(초급)(多言語習得とマルチリンガル教育の実践:日本語と英語を同時に学ぼう(初級編))」(2022年1月－運営中)
(http://wwwdev.kmoocs.kr/)

# 日・英・韓の重要単語リスト

● **Chapter 4**

| 日 | 英 | 韓 |
|---|---|---|
| 講義<br>こうぎ | lecture | 강의 |
| 階段教室、講堂<br>かいだんきょうしつ こうどう | theatre | 계단식 교실, 강당 |
| 全然大丈夫<br>ぜんぜん だいじょうぶ | not at all | 정말 괜찮다 |
| ああ、よかった | phew. that's good | 아~ 정말 다행이다 |
| 気にする<br>き | mind | (부정적인)신경이<br>쓰이다 |
| ~として | as | ~로서 |
| 交換留学生<br>こうかん りゅうがくせい | exchange student | 교환학생 |
| いつか | one day | 언젠가 |
| ~必要がある<br>ひつよう | need to | ~할 필요가 있다 |
| 訪れる<br>おとず | visit | 방문하다 |
| 教科書<br>きょうかしょ | textbook | 교과서 |
| ~と等しい<br>ひと | be equivalent to | ~과 동일하다 |
| 好都合にも、運よく、<br>こうつごう うん<br>幸いに<br>さいわ | luckily | 운이 좋게도 |
| 表現<br>ひょうげん | expression | 표현 |

255

● Chapter 5

| 日 | 英 | 韓 |
|---|---|---|
| (自分を)暖かくしておく | keep oneself warm | (자신을)따뜻하게 해두다 |
| ねえ | you know what | 이봐 |
| 天気予報 | weather forecast | 일기예보 |
| ありがたいことに | thankfully | 다행이도 |
| 半袖 | short sleeves | 반팔 |
| 建設 | construction | 건설 |
| すごく寒くなる | get freezing cold | 매우 추워지다 |
| すごい | incredible | 놀라운 |
| 星 | planet | 행성 |
| ～てよかった | lucky | 운 좋게도 좋았다 |
| 焼け付くような | scorching | 맹렬한 |
| 正反対の | opposite | 정반대의 |
| サーフボード | surfboard | 서핑 보드 |
| 明確に、ちゃんと、はっきりと | definitely | 명확히, 확실히 |

● **Chapter 6**

| 日 | 英 | 韓 |
|---|---|---|
| おなか(が)すいた | starving | 배고프다 |
| Mサイズの | medium | 중간 사이즈의 |
| かしこまりました | certainly | 그럼요, 물론입니다 |
| お釣り | change | 잔돈 |
| 匂い | smell | 냄새 |
| 食事、メニュー | meal | 식사, 메뉴 |
| うまい | scrumptious | 아주 맛있다(비격식) |
| コスパ | cost-effectiveness | 가성비 |
| 思い出させる | remind | 상기시키다 |
| (学生)食堂 | cafeteria | (학생)식당 |
| 言葉 | term | 용어, 말 |
| パリパリした | crispy | 바삭거리는 |
| ポテト | chips | 감자튀김 |
| 気分を一新させる、再び元気になる | refreshing | 신선한, 북돋우는 |

257

● **Chapter 7**

| 日 | 英 | 韓 |
|---|---|---|
| 3時までに | by 3pm | 3시까지 |
| 店員 | shop assistant | 점원 |
| 服屋 | clothing store | 옷가게 |
| 生活費 | daily expenses | 생활비 |
| アルバイト | part time work | 아르바이트, 일용직 |
| 利用できる | available | 이용 가능한 |
| 柔軟な、融通のきく | flexible | 유연한, 융통성있는 |
| 週に | per week | 한 주에 |
| スマホ代 | phone bills | 휴대폰 통신비 |
| 電気代 | electricity bills | 전기세 |
| 平日 | weekday | 평일(주중) |
| 叔父 | uncle | 숙부 |
| 支出、出費 | expense | 지출, 경비 |
| 実際に | actually | 실제로 |

● **Chapter 9**

| 日 | 英 | 韓 |
|---|---|---|
| 小包<br>こづつみ | parcel | 소포 |
| ハチミツ | honey | 꿀 |
| 郵便局員<br>ゆうびんきょくいん | post officer | 우체부 |
| 書留<br>しょるい | registered mail | 서류 |
| 重さを量る<br>おも はか | weigh | 무게를 재다 |
| 全部で、合計<br>ぜんぶ ごうけい | in total | 전체로, 합계 |
| 取扱注意のシール<br>とりあつかいちゅうい | fragile sticker | 취급주의 스티커 |
| レシート、領収書<br>りょうしゅうしょ | receipt | 영수증 |
| お土産として<br>みやげ | as a gift | 선물로 하여 |
| ~ではなく | without | ~없이 |
| 得意な、誇らしげな<br>とくい ほこ | proud | 자랑스러운 |
| 貼る<br>は | put | 붙이다 |
| 重さ<br>おも | weight | 무게 |
| 中身<br>なかみ | inside | 안쪽, 속 |

259

## ● Chapter 10

| 日 | 英 | 韓 |
|---|---|---|
| ジム用品 | gym gear | 헬스용품 |
| プール | swimming pool | 수영장 |
| 特価品 | specials | 특가품 |
| 入会金 | joiningfee | 입회비 |
| 真新しい、新品の | brand new | 신품의 |
| 運動する | work out | 운동하다 |
| 心をそそる | tempting | 구미가 당기는 |
| 肩こり | stiff shoulders | 강직된 어깨 |
| 最近 | lately | 최근 |
| 施設 | facilities | 시설 |
| ヨガマット | yoga mat | 요가매트 |
| 参加する | attend | 참여하다 |
| 筋力 | muscle strength | 근력 |
| 講師 | instructor | 강사 |

## ● Chapter 11

| 日 | 英 | 韓 |
|---|---|---|
| ホストを務める | host | 주최하다 |
| 演技 | performance | 연기 |
| バレエ | ballet | 발레 |
| 古典の | classical | 고전의 |
| 現代の | contemporary | 현대의 |
| 判断、評価 | estimation | 판단, 평가 |
| ~に驚く | marvel | 경이 |
| 会場、開催地 | venue | 회장, 개최지 |
| 建築家 | architect | 건축가 |
| ~を代表する | iconic | ~을 대표하는 |
| 世界遺産 | world heritage | 세계유산 |
| (~を)少しずつ飲む | sip | 홀짝이다 |
| 始める | commence | 시작되다 |
| 最後には(~に)なる | end up | 최후로는 ~가 되다 |

261

● **Chapter 12**

| 日 | 英 | 韓 |
|---|---|---|
| 陰性 | negative | 음성 |
| 陽性 | positive | 양성 |
| ソーシャルディスタンス | social distance | 사회적 거리두기 |
| 症状 | symptom | 병세 |
| 隔離する | isolate | 격리하다 |
| 場所に残していく | leave | 떠나다, 남겨놓다 |
| 親切な、やさしい、同情心のある | caring | 배려하는, 보살피는 |
| 出かける、出発する | get going | 나서다, 출발하다 |
| 憂鬱な | depressing | 우울한 |
| 制限 | restriction | 제한 |
| ガイドライン | guideline | 가이드라인 |
| 世界的流行、パンデミック | pandemic | 세계적 유행 |

● **Chapter 13**

| 日 | 英 | 韓 |
|---|---|---|
| 病院の受付 | medical receptionist | 원무과 접수 |
| 国民健康保険カード | medicare card | 건강보험증 |
| 民間医療保険 | private health insurance | 민간의료보험 |
| ひどい頭痛 | splitting headache | 심한 두통 |
| 発疹 | arash | 발진 |
| アレルギー反応 | allergic reaction | 알러지 반응 |
| カニ | crab | 게 |
| 処方する | prescribe | 처방하다 |
| 抗ヒスタミン剤 | antihistamine | 항히스타민제 |
| 存続する | persist | 지속하다 |
| どうやら | apparently | 듣자 하니 |
| 永住者 | permanent residents | 영주권자 |

● **Chapter 14**

| 日 | 英 | 韓 |
|---|---|---|
| 美容室<br>(びようしつ) | hair salon | 미용실 |
| 髪を切る<br>(かみ)(き) | get a hair cut | 머리를 자르다 |
| ドライヤーで乾かす<br>(かわ) | blow-dry | 드라이기로 말리다 |
| レディースヘアカット | ladies haircut | 여성 커트 |
| すばらしい | fantastic | 환상적인 |
| 課す<br>(か) | charge | 부과하다 |
| 無料の<br>(むりょう) | complimentary | 무료의 |
| 予約<br>(よやく) | book | 예약 |

# 解答

2. ①

● **Chapter 7**

7.9. Writing Exercises(作文の練習)

(1) How many hours do you work per week?

(2) How much do you get paid per hour?

(3) Work hours can be flexible too.

7.10. Quiz(クイズ)

1. ③

2. ④

● **Chapter 8**

1. ③

2. ①

3. ④

4. ②

5. ④

6. ③

7. ①

8. ②

9. ③

10. ①

● **Chapter 9**

9.9. Writing Exercises(作文の練習)

(1) I'd like to send this by registered mail.

(2) The postage will vary on the weight.

(3) How long will it take by air mail to A?

9.10. Quiz(クイズ)

1. ④
2. ①

● **Chapter 10**

10.9. Writing Exercises(作文の練習)

    (1) How often do you work out?

    (2) I have to work on my beach body.

    (3) Doing squats is a great way to work on your lower body.

10.10. Quiz(クイズ)

    1. ①

    2. ④

● **Chapter 11**

11.9. Writing Exercises(作文の練習)

    (1) I reserved our seats close to the stage.

    (2) Would you like to go see a movie with me?

    (3) Do you want me to take you home?

11.10. Quiz(クイズ)

    1. ④

    2. ①

● **Chapter 12**

12.9. Writing Exercises(作文の練習)

    (1) I heard your test result came out negative.

    (2) You have been wearing masks always, keeping 1.5m social distance, washing hands.

    (3) She worked at the café for me while I was being isolated for two weeks.

12.10. Quiz(クイズ)
  1. ③
  2. ②

● **Chapter 13**

13.9. Writing Exercises(作文の練習)
  (1) How long have you had these symptoms for?
  (2) If your symptoms still persist after two days, come and see me again.
  (3) I feel much better after taking the prescribed medicine.

13.10. Quiz(クイズ)
  1. ③
  2. ③

● **Chapter 14**

14.9. Writing Exercises(作文の練習)
  (1) She already has an appointment with another customer at 2pm.
  (2) Can you put the part on the left please?
  (3) I'm afraid I have to cancel my booking.

14.10. Quiz(クイズ)
  1. ④
  2. ②

● **Chapter 15**

  1. ①
  2. ②
  3. ②
  4. ③

5. ②
6. ③
7. ③
8. ②
9. ④
10. ①

## 著者略歴

▌朴江訓

仁荷大学 文科大学 日語日本学科 早期卒業
筑波大学大学院 言語学修士・博士(国費留学)
現在、仁荷大学 AIマルチリンガル研究所 所長・
　　文科大学 日本言語文化学科 教授
元 全州大学/ 韓国外国語大学/ 韓国ポリテク大学 教授
社会副総理兼教育部長官賞受賞(優秀研究賞 2015年, 2019年)

多言語習得とマルチリンガル教育の実践:
日本語と英語を同時に学ぼう(初級編)

初版印刷　2024년 05월 27일
初版発行　2024년 06월 01일

著　　　者　　朴江訓
発 行 者　　尹錫賢
発 行 所　　J&C Publishing company
　　　　　　353, Uicheon-ro, Dobong-gu, Seoul, Korea
　　　　　　Tel: 02) 992 / 3253　Fax: 02) 991 / 1285
　　　　　　http://www.jncbms.co.kr
　　　　　　jncbook@hanmail.net

ⓒ 朴江訓 2024 Printed in KOREA.

ISBN 979-11-5917-246-5　93730　　　　　　　　정가 30,000원